W0189264

»Allein das Klima der Inseln ist ein Luxus!«
César Manrique

Sabine Lubenow fotografierte für diesen DuMont Bildatlas erstmals auf Gran Canaria und war von den klimatischen Gegebenheiten begeistert. Zu ihren Fotorecherchereisen startet sie von Düsseldorf aus.

Die Texte für diesen Band schrieb **Rolf Goetz**. Von seiner Ferienfinca auf La Palma aus besucht er regelmäßig die kanarischen Nachbarinseln. Der in Stuttgart lebende Reisejournalist verfasste auch den DuMont Bildatlas Teneriffa.

Liebe Leserinnen, liebe Leser!

„Allein das Klima der Inseln ist ein Luxus!" meinte César Manrique, der zumindest auf Lanzarote allgegenwärtige Künstler und Architekt. Ich kann ihm nur beipflichten, auf den Kanaren ist es in der Regel weder zu heiß noch zu kalt, eben einfach immer angenehm warm und häufig sonnig. Dass die östlichen Kanarischen Inseln, Gran Canaria, Lanzarote und Fuerteventura sowie die kleinen Nachbarinseln La Graciosa und Los Lobos, aber viel mehr zu bieten haben als den besagten „Ewigen Frühling", zeigen wir Ihnen in diesem DuMont Bildatlas.

Von allem etwas
Mit Vielseitigkeit punkten kann vor allem Gran Canaria. Die nach Teneriffa und Fuerteventura drittgrößte Kanareninsel hat weite Sandstrände im Süden, eine gewaltige Berglandschaft im Inselinneren, zauberhafte kleine Städtchen und Großstadtflair in der Inselmetropole Las Palmas zu bieten. Fast jeder kommt hier auf seine Kosten, für Sport, Spaß und Entspannung ist bestens gesorgt. Wer genug hat vom Trubel an der Küste, weicht aus auf das stille, vielerorts noch einsame Bergland. Wanderungen oder Mountainbiketouren werden hier zum Genuss. Wo man auf Traumpfaden wandern oder mit dem Mountainbike herrliche Landschaften erkunden kann, verrät Rolf Goetz in den Aktivtipps auf S. 51 und S. 67.

Feuerberge und endlose Strände
Sorgt schon die Dünenlandschaft von Maspalomas auf Gran Canaria für Begeisterung, so können Strandliebhaber ihr Glück auf Fuerteventura kaum fassen. In ganz Europa gibt es derartig lange und herrliche Sandstrände wohl kein zweites Mal. Hier kann man endlos lange am Wasser entlangschlendern, kann alle möglichen Wassersportarten betreiben oder einfach nur dem Spiel von Wind und Wellen zusehen. Aber Achtung! Das Inselinnere ist wüstenhaft karg, Sehenswürdigkeiten sind spärlich – die Wüsteninsel polarisiert. Lanzarote hat es da leichter. Auch hier gibt es attraktive Strände, eine bizarre Vulkanlandschaft und allerorten ästhetische Kunstwerke und sich grandios in die Landschaft einfügende Architektur von César Manrique. Aber sehen Sie selbst …
Herzlich

Ihre

Birgit Borowski
Programmleiterin DuMont Bildatlas

Impressionen

Las Palmas & der Norden

Gran Canarias Mitte

Gran Canarias Süden

BEST OF …

UNSERE FAVORITEN

DuMont

Gran Canaria
Bildatlas Nr. 25

€ 9,95 [D+I] € 10,95 [A] CHF 13,50 [CH]

Gran Canaria
Lanzarote · Fuerteventura

Badeparadiese
Die schönsten Inselstrände

Traumpfade
Auf Königswegen wandern

Kanarische Küche
Runzelkartoffeln, Mojo,
Gofio & Co.

ISBN 978-3-7701-9456-8

DUMONT

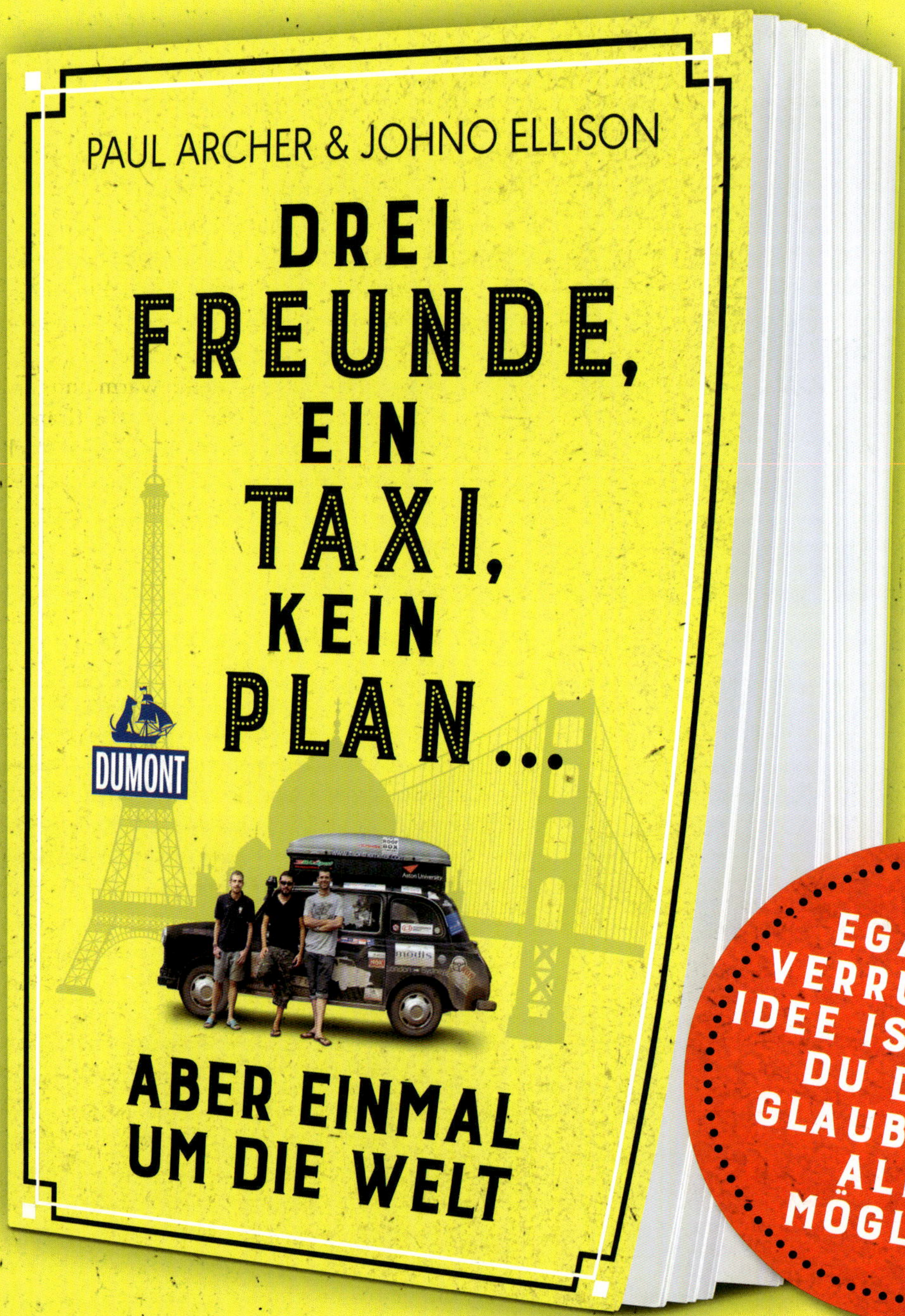

EGAL WIE VERRÜCKT DIE IDEE IST – WENN DU DARAN GLAUBST, IST ALLES MÖGLICH!

DREI FREUNDE – EIN VERRÜCKTES ABENTEUER:

Paul, Johno und Leigh kaufen ein altes Taxi und fahren einfach los, von London nach Sydney auf dem größtmöglichen Umweg. Ihre Tour führt durch die abgelegensten und gefährlichsten Regionen: Sie landen in einem Gefängnis in Moskau, geraten unter Spionageverdacht im Iran, fahren mit bewaffneter Eskorte durch Pakistan. Doch die Freunde schaffen es mit viel Humor (und Wodka), allen Hindernissen zu trotzen – auch ohne Plan.

DUMONT REISEVERLAG · TASCHENBUCH · 340 SEITEN

PREIS: 14,99€ [D] · ISBN: 978-3-7701-8282-4 · ERSCHEINT: 10. OKTOBER 2016

DuMont
Aktiv

ATLANTIC

OCEAN

Ilhas Selvagens (Port.)
Selvagem Grande

Islas Canarias
(Espania)

Lanzarote 92 – 115
Alegranza
Graciosa
Lanzarote
Tinajo
671
Haría
4 **9**
8
Tías
Arrecife
Fuerteventura 68 – 91
Playa
Blanca
Pta. del
Papagayo
Estrecho de La Bocaina
Punta
de la Ballena
Corralejo
Tostón
Fuerteventura
PUERTO
del Rosario
Puerto
de la Peña
6
Pozo Negro
Tuineje
Playa de
Barlovento
de Jandía
3
Gran Tarajal
Costa Calma
807
Cofete
Península de Jandía
Pta. del Matorral

Tenerife
Pta. de los Roquetes
LA LAGUNA
SANTA CRUZ
DE TENERIFE

Gran Canaria 22 – 67
Punta de
Guanarteme
La Isleta
Puerto
de las Nieves
Gáldar
10
LAS PALMAS
de Gran Canaria
San Nicolás
de Tolentino
1 **5**
...de
San Bartolomé
de Tirajana
Arinaga
Puert...
7 **2** **11**
Maspalomas
Gran Canaria

AL-MAGHRIB
(MAROC)

Sebk
Oum
Debou...

Daou...

Al-'Ayun
(Laâyoune)

aṣ-Ṣaḥrā' al-Ġarbīya
(Western Sahara)

Dch...

N1   N5

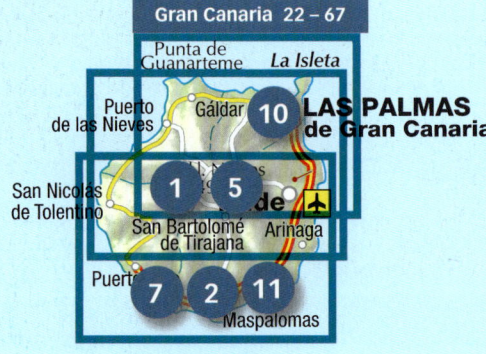

Maßstab 1:1.500.000

0   40 km

Topziele

Die bedeutendsten Sehenswürdigkeiten und Erlebnisse, die Sie auf keinen Fall versäumen dürfen, haben wir auf dieser Seite für Sie zusammengestellt. Auf den Infoseiten ist das jeweilige Highlight als **TOPZIEL** *gekennzeichnet.*

NATUR

1 Bergdorf Tejeda: Blühende Mandelhaine im grancanarischen Bergland gibt es im Februar zu bewundern, aber auch außerhalb der Baumblüte lohnt Tejeda den Besuch. **Seite 50**

2 Die Dünen von Maspalomas: Gran Canarias Sandwüste am Meer lässt die Sahara fast vergessen – goldgelbe Sandkämme schaffen Kontraste zum azurblauen Atlantik. **Seite 66**

3 Fuerteventuras Strände: Keine Zweite im Archipel kann es mit den feinen Sandstränden Fuerteventuras aufnehmen – ideal zum Wandern, Schwimmen, Surfen oder einfach nur faul in der Sonne liegen. **Seite 91**

4 Timanfaya-Nationalpark: Vulkanisches Geschehen, effektvoll in Szene gesetzt: Lanzarote gleicht hier einer ausgeglühten Mondlandschaft. **Seite 114**

ERLEBEN

7 Palmitos Park: Springende Delfine, flatternde Schmetterlinge und leuchtende Orchideen machen Gran Canarias Palmitos Park zum beeindruckenden Erlebnis. **Seite 66**

8 Fundación César Manrique: Gelebte Kunst vermittelt ein Rundgang durch das ehemalige Wohnhaus des auf Lanzarote geborenen Künstlers. **Seite 113**

9 Jameos del Agua: Die Lavagrotten präsentieren sich als ein von Menschenhand gestaltetes Gesamtkunstwerk. **Seite 113**

AKTIV

5 Roque Bentayga und Roque Nublo: Die alten Kultplätze im Hochland Gran Canarias lassen sich auf kurzen Wanderungen entdecken. **Seite 50**

6 Barranco de las Peñitas: In der Umgebung von Betancuria auf Fuerteventura schmiegt sich Schutz suchend ein unscheinbares Kirchlein an glatt polierte Felswände. **Seite 90**

KULTUR/NIGHTLIFE

10 Las Palmas: In den Altstadtgassen von Gran Canarias Inselmetropole begegnet man Kolonialgeschichte auf Schritt und Tritt. **Seite 35**

11 Playa del Inglés: Die Playa del Inglés gehört zu den besten Strandrevieren der Kanaren, und nachts kann man im gleichnamigen Ort gut „auf die Piste gehen". **Seite 65**

In den Dünen von Maspalomas, Gran Canaria

Muscheln im Sand hat wahrscheinlich jeder
schon mal gesucht (und gefunden). Aber dass der
Sand selbst schon „die Muschel ist" – beziehungs-
weise: viele zu Sand zerriebene Muscheln –, das
ist eine kanarische Spezialität. Das Wahrzeichen
von Maspalomas ist übrigens der Leuchtturm
westlich der Dünen. Den haben wir hier mal für
Sie nachgestellt...

Wandern am Roque Nublo, Gran Canaria

. . . .

Nicht nur Sonnenanbeter und Badeurlauber kommen auf Gran Canaria auf ihre Kosten! Gerade das Naturschutzgebiet rund um den Roque Nublo, den „Wolkenfelsen" und das Insel-Wahrzeichen, ist bei Wanderern sehr beliebt. Finden sich an den Bergflanken noch weitläufige Kiefernwälder, so wird die Vegetation in höheren Lagen nach und nach spärlicher – die Kargheit führt einem vor Augen, dass man sich auf den Resten eines Stratovulkans bewegt.

Am Hafenbecken von Puerto de Mogán, Gran Canaria

....

„Klein-Venedig" wird der im Mündungsbereich des Barranco de Mogán liegende Ort auch genannt. Und Puerto de Mogán braucht sich – wie die Kanaren ganz allgemein – als Reiseziel nicht zu verstecken. Die Inseln sind einfach einmalig: Schaumgeboren wie Aphrodite stiegen sie einst vom Meeresboden auf, und nun liegen sie da, von Wind und Wetter verwöhnt. Und in den Hafenbecken dümpeln idyllisch die Boote, von flanierenden Besuchern bewundert.

Bodega La Geria, Lanzarote

Neue Insel, neues Glück: Lanzarote. Die ist vor
allem was für Ästheten, die sich an den Farben
und bizarren Formen des Eilands kaum sattsehen
können. Als bacchantische Beigabe zum Augen-
schmaus bietet sich Wein an, dessen zartgrüne
Reben sich hier einen Weg durch schwarze Vul-
kanasche bahnen. Sie sind ganz hübsch anzuse-
hen – und dann schmeckt der Wein auch noch!

Auf der Halbinsel Jandía, Fuerteventura

Nicht nur Sonnenanbeter lieben die Kanaren, auch für Sportliche halten die Inseln zahlreiche Möglichkeiten bereit. Insbesondere Fuerteventura wartet mit traumhaften Bedingungen für Surfer und Kiter auf, und auch Strandwanderer kommen voll auf ihre Kosten. Genügend Platz, um einander nicht in die Quere zu geraten, ist zum Glück ebenfalls vorhanden.

Blick auf die Playa de las Canteras in Las Palmas, Gran Canaria

Das waren noch Zeiten, als man hier einsam am Strand laufen konnte, kein Hochhaus weit und breit, und in den Wellen draußen im Meer schaukelte allenfalls mal eine Karavelle – ein Dreimaster mit 26 Mann Besatzung und einem reparaturbedürftigen Ruder! Kolumbus soll ja ziemlich schnell das Weite gesucht haben, in der Neuen Welt. Wir aber bleiben hier!

Restaurants mit Flair

Außergewöhnliche Einkehradressen

In Sachen Gastronomie wird abseits der Ferienorte nichts Weltbewegendes geboten. Dennoch wäre es schade, den ganzen Urlaub ausschließlich am Hotelbüfett zu verbringen. Unsere favorisierten Einkehradressen zeichnen sich durch eine tolle Lage oder ein uriges Ambiente aus. Erfreulicherweise ist die Stippvisite in den meisten gar nicht so teuer.

1 El Amanacer, Lanzarote

Das klassische Fischlokal kann sich über mangelnden Zulauf nicht beklagen, der Laden läuft von selbst und ist meist brechend voll. So wird man einen der (Plastik-)Tische auf der zum Meer hinausgehenden Terrasse nur mit viel Glück ergattern können. Geboten werden frischer Fisch, Meeresfrüchte und ein flotter Service, und das alles zu vernünftigen Preisen. Für den großen Hunger empfiehlt sich die gemischte Fischplatte (Parrillada mixta), die für zwei Personen reicht.

Arrieta, Calle La Garita 7, Tel. 928 83 54 84, Fr.–Mi. 10.00–20.00 Uhr

2 La Marinera, Gran Canaria

Die gastronomische Vielfalt in der Hauptstadt ist riesig! Im Santa-Catalina-Quartier empfiehlt sich das Fischlokal La Marinera, durch dessen Panoramafenster man den Strand von Las Canteras und die Skyline der Metropole voll im Blick hat. Mit Platz für rund 400 Gäste ist es zugleich eines der größten Restaurants. Zu den Hausspezialitäten gehören die schwarze Paella und die in Salzkruste gebackene Dorade. Das Meiste aus dem Meer wird nach Gewicht berechnet.

Las Palmas, Paseo de La Caneras (La Puntilla), Tel. 928 46 88 02, www.restaurantelamarinera laspalmas.com, tgl. 12.00 bis 24.00 Uhr

3 Jardín Canario, Gran Canaria

Ein toller Platz, um von etwas höherer Warte aus den Spaziergang durch den Botanischen Garten nochmals Revue passieren zu lassen! Das Ambiente ist nicht überbordend, die Preise liegen leicht über dem Durchschnitt, und das Personal muss gelegentlich noch etwas üben. Doch der Blick von einem Fensterplatz auf den Jardín Canario entschädigt fast für alles – den sollte man vorher allerdings reservieren.

Carretera del Centro Km 7, Tafira Baja, Tel. 928 35 52 45, www.restaurantejardin canario.com, tgl. 10.00 bis 18.00 Uhr

4 Casa de la Naturaleza, Fuerteventura

Dem adrett in die Natur gebauten Natursteinhäuschen merkt man nicht an, dass es nagelneu ist und erst seit 2015 Gäste empfängt. Wie auch der hübsche Garten und die kleine Ausstellung trägt es die Handschrift des deutschen Fotografen Reiner Loos, der in Betancuria die sehr erfolgreiche Casa Santa Maria betreibt. Eine Einkehr in der Casa de la Naturaleza lässt sich ausgezeichnet mit einer kurzen Wanderung in den Barranco de la Peña, Fuerteventuras spektakulärste Schlucht, verbinden – der Einstieg liegt 100 m unterhalb des Lokals. Außerdem beginnt hier einer der schönsten Wanderwege der Insel.

Vega de Río Palmas, Camino San Juan Torcaz s/n, Tel. 928 65 41 38, www.casanaturaleza.net, Di.–So. 10.00–17.00 Uhr

ATLANTISCHER
OZEAN

Lanzarote

Arrecife

Tenerife

Fuerteventura

Santa Cruz

Puerto
del Rosario

Las Palmas

Morro Jable

Gran Canaria

AFRIKA

⑤ Déjate Llevar, Gran Canaria

Mitten im bäuerlich geprägten Bergland überrascht ein etwas anderes Restaurant, das nicht ausschließlich, aber überwiegend vegetarisch und vegan ausgerichtet ist. Ensaladería (Salatladen) nennen Nikos und Fernando ihr trendiges Lokal an der Dorfstraße von Tejeda. Neben knackigen Salatvariationen aus aller Welt gibt es Herzhaftes aus dem Suppentopf und verlockend süße Desserts mit lokalen Mandelspezialitäten. Herzlich und urgesund!

Tejeda, Calle Doctor Domingo Hernández Guerra 25, Tel. 629 19 86 85, www. letmetakeeu.com, Mi.–So. 13.00–16.00 und 19.00 bis 21.00 Uhr

⑥ Jaula de Oro, Fuerteventura

Seit über 30 Jahren gibt es den familiär geführten kleinen Familienbetrieb schon. Man sitzt beschaulich auf der Terrasse nur wenige Schritte über einem schwarzen Vulkanstrand und lässt es sich bei schnörkellos zubereitetem Fisch gut gehen. Immer eine gute Wahl und typisch kanarisch ist das Fischfilet mit Runzelkartoffeln, die natürlich mit einer pikanten grünen Mojo-Sauce serviert werden.

Ajuy, Avenida de los Barqueros s/n, Tel. 928 16 15 94, tgl. 10.00–18.00 Uhr

⑦ N'Enoteca, Gran Canaria

Es muss nicht immer spanisch sein! Der sehr beliebte Italiener befindet sich in der zweiten Reihe des lauschigen Hafenviertels, doch die ausgefallenen Pastagerichte lohnen den Besuch auf jeden Fall. Nach dem ebenfalls originellen Tiramisu kann man über die von Brücken überspannten Kanäle flanieren und die angenehme Atmosphäre des Ortes genießen.

Puerto de Mogán, Loca 380/381, Tel. 928 56 53 57, www.nenoteca.it, tgl. ab 18.30 Uhr

⑧ Casa Melo, Gran Canaria

Verkehrsgünstig gelegen, ist der Landgasthof auf 1290 m Höhe einer der zentralen Treffs im Bergland. Ausflügler, Radler und Wanderer kehren nach einem erlebnisreichen Tag gern hier ein und stärken sich mit einer einfachen Mahlzeit, etwa einer Portion Sardinen von der heißen Platte oder dem deftigen Ragout aus Ziegenfleisch.

Ayacata, Carretera GC-60, Tel. 928 17 22 61

⑨ La Era, Lanzarote

César Manrique hatte auf Lanzarote fast überall seine Finger im Spiel. Für den behutsam restaurierten historischen Bauernhof aus dem 18. Jh. entwarf er das Logo der Speisekarte. Inmitten traditioneller Landarchitektur wird gehobene kanarische Kost geboten. Je nach Tagesform der Küchenbrigade schwankt die Qualität – da gibt es noch Luft nach oben – doch das Ambiente des Lokals ist unschlagbar.

Yaiza, Calle Barrando 3, Tel. 928 83 00 16, www.laera.com, tgl. 12.00–23.00 Uhr

Licht und Schatten

Wer beim Landeanflug auf der richtigen Seite sitzt, der wird sogleich von der fulminanten Lage der kanarischen Metropole überrascht. Eine dicht bebaute, schmale Landbrücke verbindet sie mit einer Halbinsel, in deren Schoß die kilometerlangen Kais des Überseehafens Schutz finden. Der Hafen ist sicherlich einer der Gründe für den weltoffenen Charakter der Inselhauptstadt. Die Landstädtchen im grünen Hinterland geben sich dagegen betont traditionell.

Stadt, Sand, Strand: Blick vom runden Hochhausbau des AC Hotel Gran Canaria auf das Stadtviertel Santa Catalina und den Hafen

Beherrscht wird Vegueta, Las Palmas Altstadt, von der Catedral de Santa Ana an der gleichnamigen Plaza. Die heutige Gestaltung des ursprünglich bereits im Jahr 1497 begonnenen Sakralbaus geht im Wesentlichen auf Entwürfe des kanarischen Bildhauers Luján Peréz (1756–1815) zurück.

Die Karawane zieht weiter: in diesem Fall durch Las Palmas rund 1 km lange, von schönen Jugendstilhäusern gesäumte Flaniermeile Calle Mayor de Triana. Filialen internationaler Ketten haben hier viele Traditionsläden verdrängt, aber in den Seitenstraßen findet man auch noch kleinere Boutiquen.

Wo Kolumbus (vielleicht) gebetet hat: Ermita de San Antonio Abad, östlich der Casa de Colón

Osterprozession am Palmsonntag, vor der barocken Iglesia de Santo Domingo, einer der schönsten Kirchen von Las Palmas

„Für mich ist Las Palmas … der ideale Ort, um die Wintermonate zu verbringen."

Agatha Christie

"Orotava ist schön, aber Las Palmas ist schöner", schwärmt Agatha Christie in ihrer Autobiografie. Die reiselustige Krimiautorin arbeitete auf Teneriffa an ihrem Roman „Der blaue Express", fand aber in La Orotava nicht die richtige Muße zum Schreiben. Deshalb setzte sie kurzerhand mit einem Dampfschiff nach Las Palmas über. Für Agatha Christie war die Hauptstadt von Gran Canaria mit ihrem milden Klima der ideale Platz, um dem europäischen Winter ein Schnippchen zu schlagen, und in ihrem Gefolge kamen bald gut betuchte Reisende nach Las Palmas: zunächst vor allem englische Landsleute, später Schweden, und auch die Deutschen ließen nicht lange auf sich warten.

Hoher Besuch

Noch vor einem halben Jahrtausend waren die Kanarischen Inseln die Grenze der damals bekannten Welt. Man schrieb das Jahr 1492, als im Hafen von Las Palmas drei Karavellen vor Anker gingen, die unter dem Kommando eines gewissen Cristobal Colón standen. Kolumbus soll den Aufenthalt in Las Palmas für Reparaturarbeiten genutzt und in der nach ihm benannten Casa de Colón logiert haben. Eindeutig belegen lässt sich aber weder der Besuch noch der Aufenthalt in der Casa de Colón. Manche Historiker

vermuten, dass er eher der kleinen Westinsel La Gomera den Vorzug gegeben und dort eine Affäre mit der schönen Gräfin Beatriz de Bobadilla gepflegt hat.

Der Hafen des Lichts

Bis heute ist der Puerto de la Luz Gran Canarias Tor zur Welt. Die ganz große Zeit, als Las Palmas als maritime Schnittstelle zwischen Europa, Afrika und Amerika fungierte, liegt schon etliche Jahre zurück, doch der „Hafen des Lichts" rangiert nach wie vor unter den Top 30 der größten europäischen Seehäfen. Regelmäßig kommt hier die Aida Blue zu Besuch. Sofern das 250 Meter lange Clubschiff voll gebucht ist, hat es 2000 Passagiere an Bord. Wenn die sich alle für einen Landgang entscheiden, ist das für die Insel so, als würden gleichzeitig elf Airbusse vom Typ 320 landen. Mancher bleibt aber lieber an Bord – wegen der schiffseigenen Bordbrauerei vielleicht?

Gran Canarias Copacabana

An der Playa de las Canteras geht es im Sommer fast so zu wie an Rios Copacabana. Am nördlichen Teil dieses knapp vier Kilometer langen Superstrands brechen sich die Wellen am La Barra, einem vorgelagerten Riff, in dessen Schutz man gefahrlos schwimmen kann. Am südlichen Strandende thront wie eine Burg

Die Plaza Cairasco im Südwesten des Stadtviertels Triana ist eine Oase der Ruhe im oftmals hektischen Las Palmas.

Seefahrer der Antike erzählten, dass sie auf der Insel von besonders großen Hunden (lat. canis) begrüßt worden seien. Plinius der Ältere nannte sie schließlich „Canaria" im Sinne von Hunde-Insel – später wurde dieser Name auf den ganzen Archipel übertragen. „Gran Canaria" bedeutet zwar „die große Kanareninsel" – tatsächlich ist das Eiland aber nicht die größte, sondern die drittgrößte (nach Teneriffa und Fuerteventura) und die am dichtesten besiedelte Insel der Kanaren.

Mercado de Vegueta: In der ältesten Markthalle Gran Canarias werden an vielen Ständen regionale Erzeugnisse der Insel angeboten.

Alles frisch, auch der Fisch? Tiefgekühlte Importware wird im Mercado de Vegueta ebenso angeboten wie die im Trend liegenden Produkte kanarischer Zuchtbetriebe.

Barleben in der Altstadt von Las Palmas: Doch noch eine Tasse Kaffee vielleicht?

weithin sichtbar das postmoderne Konzerthaus Alfredo Kraus. Den Strand vor dem Musentempel schließt eine weit ins Meer ragende Mole ab. Sie gehört ganz den Anglern, die ruhig auf den Fang ihres Lebens warten. Spätnachmittags wird der autofreie Paseo de las Canteras zum Laufsteg der Flaneure, Dutzende von Cafés, Eisdielen, Pizzabäckern und Fischlokalen haben ihre Plastiktische auf dem breiten Boulevard stehen.

Im Grünen Norden

Das immergrüne Kleid über der Nordküste zeigt sich am besten von der Montaña Arucas. Unweit der imposanten Kathedrale in Arucas führt ein Bergsträßchen auf den 412 Meter hohen Aussichtsgipfel. Oben auf dem Vulkanberg angekommen, erkennt man, dass das Grün hausgemacht ist: Terrassierte Bananenplantagen ziehen sich wie ein dicht über den Atlantik gespannter breiter Gürtel die Hänge hinauf. Die Banane ist zwar immer noch die mit Abstand wichtigste Exportfrucht Gran Canarias, doch mit der Billigware aus Mittelamerika kann sie nicht konkurrieren.

Dass man nicht alle Karten auf eine Monokultur setzen sollte, haben die Canarios schon mehrfach schmerzlich erfahren. Kaum hatten die Spanier die Insel erobert, rodeten sie die Wälder und bauten im großen Stil Zuckerrohr an. In Arucas erinnert noch eine Rumdestille an die Zeit des „weißen Goldes", die jedoch ein Ende fand, sobald kostengünstiger produzierter Zucker aus der Karibik den Weltmarkt überschwemmte.

Wenn man so will, ist auch der Tourismus eine Monokultur. Doch an der Nordküste sieht man nicht allzu viel davon. In Landstädtchen wie Moya, Firgas und Santa Maria de Guía sind von ein paar Ausflüglern abgesehen die Einheimischen weitgehend unter sich.

Ein exotisches Tal

Das vielleicht schönste Inseltal ist das von Agaete. Die windgeschützte Lage, der fruchtbare vulkanische Boden und

Levitation an der Playa de las Canteras, Las Palmas, einem mehr als 3 km langen Sandstrand, der von der „Barra", einem vorgelagerten künstlichen Riff, geschützt wird.

Spiegelung am Einkaufszentrum El Muelle mit Blick auf den Hafen Puerto de la Luz

Im Jahr 1923 errichtet, wurde der mit Kacheln geschmückte, heute als Café fungierende Jugendstilpavillon am Parque de San Telmo, an dem die Calle Mayor de Triana vorbeiführt.

Ringelreihen: Folkloregruppe im Kanarischen Dorf (Pueblo Canario), das ab dem Jahr 1939 am Rand des Parque Doramas in Las Palmas errichtet wurde

Karneval auf den Kanaren

Special

Tolle Tage in Las Palmas

Während der Franco-Diktatur war in Spanien der Karneval verboten. Umso größer ist heute die Hingabe, mit der sich die Canarios in der fünften Jahreszeit engagieren.

Hochburg des kanarischen Karnevals ist Las Palmas. Monate im Voraus wird auf die tollen Tage hingearbeitet, werden Kostüme entworfen, Liedtexte und Tanzschritte einstudiert. Wenn es dann so weit ist, verwandelt sich der Santa-Catalina-Park in eine riesige Bühne, auf der als erster Höhepunkt die Karnevalskönigin samt Hofdamen gewählt wird. Für die Mädchen ist das harte Arbeit, zu der im Vorfeld auch der regelmäßige Fitnessstudiobesuch gehört. Das Kostüm der Königin kann gut über einen Zentner schwer sein! Was die Publikumsresonanz anbelangt, hat die Wahl der Drag Queen inzwischen jener der Karnevalskönigin den Rang abgelaufen. Grell geschminkt und mit ausgestopftem Dekolleté stolzieren

Die Atmosphäre erinnert an Rio.

die Herren auf Pfennigabsätzen über die Bühne. Übrigens ziehen sich die Festivitäten hier nicht nur ein paar tolle Tage, sondern gleich drei Wochen lang hin. Krönender Abschluss ist der Trauerzug der Sardine, mit dem der Karneval zu Grabe getragen wird: Ein riesiger Pappmachéfisch wird zum Canteras-Strand geleitet und abgefackelt. Beim folgenden Höhenfeuerwerk hellen sich die traurigen Mienen dann schnell wieder auf.

nicht zuletzt das milde Klima machen es zu einem kleinen Garten Eden. Wer im Valle Agaete länger bleiben will: Mehrere kleine Landhotels und Ferienhäuser sind auf Gäste eingestellt. Geboten wird ein ruhiges Kontrastprogramm zu den umtriebigen Bettenburgen an der Südküste.

Der Finger Gottes

Am Talausgang ist das Hafenstädtchen Puerto de las Nieves eine gute Adresse für Fischliebhaber. Die Betonmole des Fährhafens kann man zwar nicht gerade als eine Augenweide bezeichnen, doch der Schutz vor den heranrollenden Brechern muss nun mal sein. Von hier setzen mehrmals täglich Katamarane nach Teneriffa über. Eine schroff abfallende Steilküste rahmt die Kieselbucht ein, aus dem Wasser reckt sich wie ein Phallus der Dedo de Dios in den Himmel. Leider ist der „Finger Gottes" nur noch ein Schatten seiner selbst – ein Wintersturm hat 2005 der bis dato imposanten Felsnadel die Spitze und damit das Wahrzeichen des Ortes genommen.

Unbeschadet von dem atlantischen Tiefausläufer blieb jedoch die doppeltürmige Ermita de la Virgen de las Nieves. Zu Ehren der Schneejungfrau wird jeweils im August das Altarbild in einer großen Prozession zur Pfarrkirche von

Mieze zeigt sich unbeeindruckt: Wegen ihrer Größe wird die im neugotischen Stil errichtete Iglesia de San Juan in Arucas oft als Kathedrale bezeichnet.

Beliebtes Ausflugsziel der Insulaner:
Puerto de las Nieves, der „Schneehafen"

Es grünt so grün im südöstlich von Agaete sich erstreckenden gleichnamigen Barranco, einem der schönsten Täler auf Gran Canaria. Die Früchte der nach wie vor landschaftlich genutzten Region wurden früher über den nahen Hafen (Puerto de las Nieves) verschifft.

Agaete getragen. Es ist ein Werk des flämischen Altmeisters Joos van Cleve, das durch die einst engen Wirtschaftsbeziehungen mit Holland auf die Insel kam.

Frischer Fisch? Si Señor!

In Puerto de las Nieves oder einem der anderen für gute Fischlokale bekannten Küstenorte bekam man bis vor wenigen Jahren Importware geboten, Meeresfrüchte stammten nicht selten aus Zuchtfarmen in Fernost; tiefgekühlt natürlich. Auf die Frage, wann es denn wieder frischen Fisch gebe, erhielt man zur Antwort: *mañana*. Das kann alles Mögliche heißen, morgen, übermorgen oder auch erst in einer Woche, wenn der Gast schon wieder abgereist ist. Atlantikfisch hat sich rar gemacht. Die angestammten Fischgründe um die Insel sind zwar nicht völlig leer gefischt, von größeren Beständen kann jedoch keine Rede sein. Und doch gibt es wieder reichlich frischen kanarischen Fisch, auch wenn so manche Brasse nie die Weite des Atlantiks kennengelernt hat, ehe sie auf dem Teller landete. Goldbrassen und Wolfsbarsch vor allem werden auf relativ engem Raum in großen runden Käfigen vor der Küste gezüchtet. In den aufstrebenden Wirtschaftszweig sind rund 40 kanarische Zuchtbetriebe involviert, die mit über 10 000 Tonnen pro Jahr mehr Fisch „ernten" als in den Küstengewässern gefangen wird. Der Wirtschaftszweig boomt, kanarischer Fisch wird bereits in die USA und verschiedene europäische Länder ausgeführt. Bei den relativ konstanten Wassertemperaturen der kanarischen Gewässer können die Fischfarmen ganzjährig produzieren. Vom neuen Hoffnungsträger profitieren letztlich auch die Fischlokale in Puerto de las Nieves und anderswo. Mancher Fischliebhaber wird aber weiter nach „echtem" Atlantikfisch fragen, denn er weiß, dass nicht jede Fischfarm mit artgerechten Zuchtmethoden arbeitet. Und die dabei eingesetzten Antibiotika gelangen nicht nur in den Fisch, sondern auch ins maritime Ökosystem.

KANARISCHE KÜCHE

Von Runzelkartoffeln, Mojo verde und Gofio

Eine grancanarische Küche gibt es nicht, eine kanarische schon. Das Essen auf den Inseln unterscheidet sich nicht grundlegend, aber verglichen mit der spanischen Küche ist es überraschend anders. Ja, originell ist es schon, was auf den Kanaren so alles auf den Tisch kommt.

Gofio wird zuweilen zum Brei angerührt und mit Zwiebelscheiben als „Löffel" serviert.

Wie es sich auf Inseln gehört, stehen in der kanarischen Küche Fischgerichte im Mittelpunkt. Ein sehr wohlschmeckender Atlantikfisch ist etwa der karpfenähnliche Papageienfisch *(vieja)*, der bevorzugt gekocht den Weg auf den Tisch findet. Ansonsten wird Fisch hier vorwiegend *a la plancha* zubereitet, sprich: auf der heißen Platte. Das gilt zum Beispiel für den Alfonsiño (Kaiserbarsch), der mit seinem weißen, festen Fleisch zu den besten Speisefischen aus dem Atlantik gehört.

Und was isst man zum Fisch?

In einem inseltypischen Lokal dürfte sich diese Frage nicht wirklich stellen: So gut wie obligatorisch werden *papas arrugadas* als Beilage gereicht – kleine Kartoffeln, die man mit nur wenig, aber sehr stark gesalzenem Wasser kocht, bis sich auf ihrer Schale eine dünne weiße Salzkruste absetzt. Gegessen werden diese „Runzelkartoffeln" selbstverständlich mit

der Schale; vor dem Verzehr taucht man sowohl sie als auch den Fisch in eine pikante Mojo-Sauce. Rezepte für diese Sauce gibt es fast so viele wie Sand am Meer. Aber zum Fisch kommt wiederum nur eine Sorte in Frage – grüner Mojo, der aus Öl, Essig, Paprika und Kräutern wie Korianderkraut und Petersilie zubereitet und im Mörser zu einer relativ milden Tunke zerstoßen wird. Jedes Restaurant, das etwas auf sich hält, stellt seinen eigenen Mojo her.

Roter Mojo ist meist schärfer als der grüne; ausgesprochen feurig kommt der mit Chilis zubereitete

mojo picón daher. Beide Mojo-Sorten werden gern als Dip zu Fleischgerichten serviert.

Der Klassiker…

…der kanarischen Küche schlechthin ist Gofio, ein vollwertiges Getreideprodukt, das vornehmlich aus gerösteter Gerste, aber auch aus Mais und anderen Getreidearten hergestellt wird. Schon die Guanchen, die kanarischen Ureinwohner, rührten ihren Gofio einfach mit Wasser, Olivenöl oder (Ziegen-)Milch zu einem Brei an, der dann mithilfe von Zwiebelscheiben „gelöffelt" werden konnte – mancher

Oben: Kulinarische Dreifaltigkeit: verschiedene Sorten von Mojo in Rot, Grün und Weiß

Links: Fisch und Meeresfrüchte spielen auf den Speisekarten der Kanaren eine wichtige Rolle.

isst Gofio auch heute noch so. Meist wird das geröstete Getreide mittlerweile aber beispielsweise zum Andicken von Suppen verwendet, kann zu Konfekt verarbeitet werden – und selbst Variationen wie Gofio-Müsli, Gofio-Mousse und Gofio-Eiscreme sind möglich. Mitteleuropäische Besucher haben in der Regel Schwierigkeiten, den Reiz von Gofio nachzuvollziehen. In überwiegend von Touristen besuchten Lokalen steht Gofio deshalb eher selten auf der Karte, in kanarischen Haushalten ist es dagegen ein unverzichtbares Grundnahrungsmittel.

Ansehen, Einkaufen, Kochen

Ansehen: Im Landstädtchen Firgas steht eine restaurierte Gofiomühle Besuchern offen (Calle El Molino 12).

Einkaufen: Eine große Auswahl von Gofioprodukten und Mojo-Saucen gibt es in jedem Supermarkt.

Kochen: Rezepte zum Nachkochen finden sich in „Kanarisch kochen" von Elisabeth Veit (Verlag Die Werkstatt).

Urbane Metropole vor grünem Hinterland

Las Palmas ist nicht nur die Inselhauptstadt, sondern zugleich das Verwaltungszentrum der Provinz Gran Canaria und sowohl das wirtschaftliche als auch das kulturelle Zentrum der Inselgruppe. Einen eigenen Ausflug wert sind die Landstädtchen entlang der von weitläufigen Bananenplantagen gesäumten Nordküste.

1 Las Palmas

Koloniales Flair im Altstadtviertel Vegueta, Jugendstil rund um die Flaniermeile Triana und ein multikultureller Schmelzpunkt im Vergnügungsviertel Santa Catalina machen den besonderen Reiz der Metropole (383 000 Einw.) aus. Den Superstrand vor der Haustür wissen Hauptstädter wie Besucher zu schätzen, dazu gibt es attraktive Museen und einen namhaften Botanischen Garten in der Nähe. Im Hafen werden jährlich 1 Mio. Passagiere gezählt, fast jeder dritte davon kommt mit einem Kreuzfahrtschiff. Autofähren verbinden mit den Nachbarinseln und dem Spanischen Festland.

Möglicherweise der prächtigste Kolonialbau der Kanaren ist die Casa de Colón in Las Palmas.

Kultfigur: „Idol von Tara" im Museo Canario

Tipp

Touristenbus

Für einen Spaziergang ist Las Palmas viel zu weitläufig. Mit dem **Guagua Turística** können die wichtigsten Sehenswürdigkeiten und interessantesten Stadtviertel der Metropole stressfrei angefahren werden. Die bunten Doppeldeckerbusse mit offenem Verdeck starten ab dem Busbahnhof San Telmo täglich ab 10.00 Uhr alle 30 bis 60 Minuten. Mit dem den ganzen Tag gültigen Ticket kann an den rund 20 Haltestellen beliebig aus- und wieder zugestiegen werden.

SEHENSWERT

Für die **Vegueta** TOPZIEL sollte man sich mindestens einen halben Tag Zeit nehmen. Das Altstadtherz schlägt an der **Plaza de Santa Ana**. Überragt wird diese von der nach Entwürfen von Luján Pérez entworfenen klassizistischen Fassade der **Catedral de Santa Ana** (18. Jh.). Im **Diözesanmuseum** werden kostbare liturgische Objekte ausgestellt. Die weltliche Macht repräsentieren die **Casa Consistoral** (altes Rathaus) und die **Casa Regental** (1567), in der der oberste Gerichtshof der Kanaren sitzt. Kolonialpracht in Form von Stuckportalen und Mudéjar-Holzdecken entfaltet sich in der **Casa de Colón**, in der u. a. ein Nachbau der Kajüte des Kolumbusschiffes *Niña* bewundert werden kann (Mo.–Sa. 10.00–18.00, So. 10.00–15.00 Uhr, www.casadeclon.com). In der **Triana**, dem einstigen Viertel der Kaufleute und Handwerker um die gleichnamige Flaniermeile, findet sich mit dem **Gabinete Literario** (Plaza de Cairasco 1) eine weitere architektonische Perle. Um die Mitte des 19. Jhs. als Treff des Bildungsbürgertums eröffnet, fungiert der

mit prunkvollen Sälen versehene Bau heute als Kulturzentrum. Zentraler Platz der Triana ist der **Parque San Telmo**, unter dem sich einer der beiden großen Busbahnhöfe der Stadt versteckt. Als Blickfang ziert ein mit Majolikafliesen verkleideter Jugendstilkiosk den Platz.

MUSEEN

Das bereits im Jahr 1879 gegründete **Museo Canario** (Calle Doctor Verneau 2, www.elmuseocanario.com, Mo.–Fr. 10.00.–20.00, Sa. und So. 10.00–14.00 Uhr) gibt einen Einblick in die Kultur der Ureinwohner. Exponate aus der vorspanischen Epoche machen es zum wichtigsten archäologischen Museum des Archipels. Ein Schwerpunkt der Dauerausstellung sind die Bestattungsriten der Altkanarier. Exponate sind z. B. Kultgegenstände wie das berühmte Idol von Tara. Das **Museo Néstor** (Pueblo Canario, Di.–Sa. 10.00–19.00, So. 10.30–14.30 Uhr) widmet sich dem in Las Palmas geborenen Maler Néstor Fernández de la Torre. Zeitgenössische Kunst vornehmlich spanischer Maler und Bildhauer ist im **Centro Atlántico de Arte Mo-**

derno **CAAM** zu sehen (Calle Los Balcones, Di.–Sa. 10.00–21.00, So. 10.00–14.00 Uhr, www. caam.net). Die 2007 eröffnete **Casa África** zeigt Exponate und Filme über Afrika (Calle Alfonso XIII, www.casafrica.es, Mo.–Fr. 9.00–18.00 Uhr, im Sommer nur vormittags).

STRAND
Die fast 4 km lange **Playa de las Canteras** ist für einen Stadtstrand wunderschön.

HOTEL
Das Vier-Sterne-Haus € € € **Reina Isabel** liegt direkt am weitläufigen Strand von Canteras; mit Fitnesscenter, Dachpool und Panoramalokal im 8. Stock (Calle Alfredo L. Jones 40, Tel. 928 26 01 00, www.bullhotels.com).

RESTAURANTS
Keine andere Stadt auf den Kanaren hat eine größere Auswahl von Restaurants und Bars. Bewährt für frisches Seafood ist € € **La Marinera** (La Puntilla, Tel. 928 46 88 02) am Nordende der Playa de las Canteras. In der € € **Casa de Montesdeoca**, einem Altstadtlokal mit Patio, war schon Ex-König Juan Carlos zu Gast (Calle Montesdeoca 10, Tel. 928 33 34 66).

EINKAUFEN
Beliebte Flaniermeile ist die verkehrsberuhigte **Calle Mayor de Triana**, größtes Kaufhaus das **Corte del Inglés** in der Avenida Mesa y López.

Tipp

Klassik am Meer

Eine große Bühne für Klassik und Ballett ist das **Auditorio Alfredo Kraus**. Das nach dem berühmten grancanarischen Tenor benannte Haus befindet sich in Las Palmas am Südende der Playa de las Canteras. Zu den Highlights gehören im Januar/Februar die Konzerte im Rahmen des Festival de Música de Canarias. Das Konzert- und Kongresshaus ist auch in architektonischer Hinsicht bemerkenswert und steht (nach Anmeldung) für Besichtigungen offen.

INFORMATION
Tel. 928 491770, www.auditorio
-alfredokraus.com

Arecuhas: Hier lagert Hochprozentiges im Eichenfass – und wer mag, darf auch ein Schlückchen Rum probieren.

Direkt an der Muelle de Santa Catalina verteilen sich im **Centro Comercial El Muelle** auf fünf Ebenen Boutiquen, Supermärkte, Restaurants und Cafés. Mit einer Bowlingbahn und einer Freiluftdisko ist El Muelle zugleich ein Erlebniszentrum. Käse, frisches Obst und Gemüse kauft man am besten im **Mercado de Vegueta** (Mo.–Sa. 8.00–14.00 Uhr).

AUSGEHEN
Clubs, Diskos und Bars konzentrieren sich im Viertel **Santa Catalina**, viel los ist vor allem am Wochenende. Im Casino **Las Palmas** kann Geld verspielt werden (Parque Santa Catalina, Tel. 928 23 48 82, www.casinolaspalmas.com).

FESTIVALS
Das Kulturprogramm der Hauptstadt eröffnet im Januar das renommierte **Festival de Música de Canarias** (www.festivaldecanarias. com). Von März bis Juni ist das **Teatro Pérez Galdós** Bühne für das Opernfestival (www. operalaspalmas.org). Unter Cineasten hat sich Ende März/Anfang April das **Internationale Filmfest Las Palmas** (www.festivalcinelas palmas.com) einen guten Namen gemacht.

UMGEBUNG
Südlich der Hauptstadt zieht in **Tafira Alta** der Jardín Canario Botaniker an. Der 1952 angelegte Botanische Garten gibt einen Überblick über die endemische Kanarenflora (www.jardin canario.org, tgl. 9.00–18.00 Uhr, Eintritt frei).

INFORMATION
Punta de Información Turística, Parque de San Telmo, Tel. 928 44 66 51, www.lpavisit.com
Weitere Infopunkte u. a. im Parque Santa Catalina und gegenüber des Hotels Meliá Las Palmas an der Playa de Las Canteras.

❷ Arucas

Die drittgrößte Stadt (37 000 Einw.) Gran Canarias liegt inmitten eines weitläufigen Bananenanbaugebiets. Dank der recht guten Wasserversorgung am Fuß der Nordabdachung der Berge werden exotische Früchte kultiviert.

SEHENSWERT
Unübersehbar thront mitten in der kleinen Altstadt die **Iglesia San Juan Bautista**. Der Johannes dem Täufer geweihte neogotische Sak-

Ein herrlicher Anblick: Blumenwiese vor dem Pico de Gáldar, zu dessen Füßen die Stadt Gáldar liegt

ralbau (1909–1917) mit vier Spitztürmen und einer prächtigen Fensterrosette über dem Hauptportal wurde aus dem feinkörnigen schwarzen Basaltstein der Insel erbaut.

ERLEBEN
In der 1884 gegründeten Rumfabrik **Arehucas** können mit Hochprozentigem gefüllte Eichenfässer besichtigt werden. Auf etlichen Fässern hinterließen prominente Besucher ihre Unterschrift, von Willy Brandt über Placido Domingo bis zu Ex-König Juan Carlos. Natürlich kann der Zuckerrohrschnaps verkostet werden: Spitzenprodukt ist der Ron Arehucas 7, er durfte sieben Jahre im Fass reifen (Era de San Pedro 2, Mo.–Fr. 9.30–13.00 Uhr, www.arehucas.es).

AUSSICHT
Eine eindrucksvolle Aussicht über die Region erlaubt die **Montaña de Arucas** (412 m). Auf dem Gipfel lädt ein Panoramalokal zu Tisch.

HOTEL
Das komfortable Landhotel € € € **La Hacienda del Buen Suceso** liegt 2 km außerhalb von Arucas auf einer Bananenplantage. Die Bausubstanz des herrschaftlichen Anwesens geht bis ins 18. Jh. zurück, entsprechend rustikal geben sich die 18 Zimmer und Suiten. Mit Pool, Jacuzzi, Türkischem Bad und einer Terrasse (Carretera de Arucas a Bañaderos, Tel. 928 62 29 45, www.haciendabuensuceso.com).

❸ Gáldar

Die Stadt am Fuß des Pico de Gáldar nennt sich nicht ohne Stolz „Erste Hauptstadt Gran Canarias". Gáldar war bis zur spanischen Eroberung das Siedlungszentrum der Einwohner.

SEHENSWERT
Die **Cueva Pintada** gilt als die bedeutendste archäologische Stätte der altkanarischen Kultur. In der seit 2006 wieder öffentlich zugänglichen Höhle blieben einzigartige Wandmalereien mit geometrischen Mustern erhalten. Sie sind eines der wenigen Zeugnisse für das künstlerische Schaffen der Ureinwohner. Ein angeschlossenes archäologisches Museum macht mit deren Geschichte bekannt (Di.–Sa. 10.00–18.00, So. 11.00–18.00 Uhr, letzter Einlass 90 Minuten vor Schließung, www.cuevapin tada.com).

UMGEBUNG

Der **Cenobio de Valerón** (15 km östl.) – rund 300 in den Tuff geschlagene und durch schmale Gänge verbundene Kammern – war wohl ein Getreidespeicher der Ureinwohner, obschon in manchen historischen Quellen von einer Heimstatt religiöser Jungfrauen die Rede ist.

④ Puerto de las Nieves

Von dem kleinen Hafenort an der Nordwestküste setzen mehrmals täglich Schnellfähren nach Teneriffa über. Die Fischlokale an der Mole sind ein beliebtes Ausflugsziel.

SEHENSWERT

In der **Ermita de la Virgen de las Nieves** zählt ein mittelalterliches Triptychon von Joos van Cleve zu den größten Kunstschätzen.

HOTEL

Das 2010 eröffnete € € € **Hotel Roca Negra** überzeugt durch seine Lage (Teide-Blick). Die Zimmer sind modern und geschmackvoll möbliert, es gibt einen kleinen Spa-Bereich, Pools und fünf Gehminuten unterhalb des Hotels ein natürliches Meerwasserbecken (Avenida Alfredo Kraus 42, Tel. 928 89 80 09, www.ho telrocanegragrancanaria.com).

RESTAURANTS

Ein Klassiker ist das € € **Dedo de Dios** direkt über dem Kieselstrand; am Wochenende ist es meist brechend voll (Tel. 928 89 80 00).

⑤ Agaete

Das Landstädtchen (5700 Einw.) über der Nordwestküste mit seinem hübschen historischen Kern und einem exotischen Garten ist Ausgangspunkt für einen Ausflug ins Valle Agaete.

SEHENSWERT

Unweit vom Kirchplatz versteckt sich hinter Mauern der **Huerto de las Flores**, eine subtropische Gartenanlage mit rund 50 exotischen Gewächsen. In der Cafeteria kann man echten kanarischen Kaffee aus dem Agaete-Tal probieren (Di.–Sa. 10.00–16.00 Uhr).

ERLEBEN

Die **Bajada de la Rama** am 4. August ist eine auf altkanarische Bräuche zurückgehende Regenbittprozession. Zum Höhepunkt des Festes wird das Meer mit Zweigen ausgepeitscht.

HOTEL

Von den Unterkünften im Tal sei die Finca € € **Las Longueras** hervorgehoben, ein kleines im Kolonialstil errichtetes Landhotel mit zehn antiquarisch eingerichteten Zimmern (Tel. 928 89 81 45, www.laslongueras.com).

UMGEBUNG

Von Agaete führt ein schmales Sträßchen durch das fruchtbare **Valle Agaete**, in dem viele subtropische Früchte gedeihen.

Genießen   Erleben   Erfahren

DuMont Aktiv

Abschlag auf Gran Canaria

Golfen unter kanarischer Sonne: Dank des milden Klimas kann auf den Kanaren das ganze Jahr über gegolft werden. Neben Teneriffa ist Gran Canaria die wichtigste Golfdestination des gesamten Archipels. Golf hat hier eine lange Tradition. 1891 wurde mit dem Real Club de Golf der erste Golfclub Spaniens gegründet (der erste Club in Deutschland entstand ein Jahr später). Maßgeblich daran beteiligt waren betuchte englische Überwinterer, die auch im Winterdomizil ihren Lieblingssport nicht missen wollten. Der königliche Club im hügeligen Bergland nahe der Hauptstadt Las Palmas liegt spektakulär am Rand des Vulkankraters Bandama.

Auf der Ferieninsel gibt es acht Parcours. Sie liegen maximal 60 Kilometer auseinander. Wer die Golfwoche abwechslungsreich gestalten will, kann also jeden Tag auf einem anderen Green einlochen. An der Costa Canaria im Süden liegen gleich fünf Plätze nur wenige Kilometer voneinander entfernt. Einer der beliebtesten davon ist Maspalomas Golf am Rand der Dünen.

Zu den Highlights des El Cortijo Club de Campo bei Telde gehören sechs von Palmen umringte kleine Seen. Auch der im Jahr 2006 eröffnete 18-Loch-Platz Lopesan Meloneras Golf weiß zu überzeugen: Drei Löcher befinden sich unmittelbar am Meer. Und der Service stimmt – die Buggys sind mit GPS-Navigation ausgestattet, verlaufen können Sie sich also nicht.

Weitere Informationen

Einen Überblick geben **www.grancana ria.com** und **www.1golf.eu/golfclubs/ spanien/kanarische-inseln**. Golfstunden können außer in der Golfschule von Meloneras Golf (**www.lopesanhr. com**) auch im El Cortijo Club de Campo (**www.elcortijo.es**) gebucht werden.

Unterkünfte gibt es in unmittelbarer Nähe eines jeden Platzes. Eine der besten mit 36 Löchern direkt vor der Haustür ist das € € € Sheraton Salobre Golf Resort, zu dem praktischerweise auch ein gut geführtes Golffachgeschäft gehört (**www. sheratonsalobre.com**).

Wer auf dem Platz des Real Club de Golf nahe Las Palmas abschlägt, sollte sich nicht nur auf den Ball, sondern auch auf die fantastische Umgebung konzentrieren.

Ein Kontinent im Kleinen

Rund 50 Kilometer misst Gran Canaria im Durchmesser. Das erinnert nicht gerade an einen Kontinent. Trotzdem wird die fast kreisrunde Insel im Atlantik oft als solcher bezeichnet, weil hier verschiedene Vegetationsstufen auf engstem Raum zu finden sind. Bizarre Steilküsten, haushohe Sanddünen, lichte Kiefernwälder, ausgebrannte Vulkankrater und von tiefen Barrancos zerfurchtes Bergland liegen dicht beieinander. Wer abseits vom Strand großartige Landschaften sucht, der kommt an der Mitte der Insel nicht vorbei – fast 2000 Meter ragen die Gipfel hier aus dem Meer empor.

Das zentrale Bergland Gran Canarias ist auch ein begehrtes Revier für Mountainbiker.

Glaube und Alltag in Teror, einem der schönsten Orte im Inselinneren, Wallfahrtsziel und religiöses Zentrum Gran Canarias zugleich. Adressat des Glaubens, dem auch am Palmsonntag mit einer Prozession gehuldigt wird, ist hier vor allem eine Jungfrau, genauer: eine rund 1 m große Statue der auch als Schutzpatronin Gran Canarias verehrten Virgen del Pino, deren Gesicht eine lächelnde und eine trauernde Seite zeigt. Aufbewahrt wird diese Statue in der Basilica de Nuestra Señora del Pino, die an jenem Ort errichtet wurde, wo der Legende nach am 8. September 1481 einigen Hirten die Jungfrau Maria erschienen sein soll. Ob auch die Zuschauer der Prozession alle an Wunder glauben, ist nicht verbürgt, aber dass die spielenden Kinder vor dem Gotteshaus ihre helle Freude am Alltag haben, ist augenfällig.

Dios mio – du meine Güte: Was für eine Kulisse! Seltsamerweise kann sich nur jeder dritte Gran-Canaria-Besucher zu einem Ausflug in die Berge aufraffen. Das hat aber auch etwas Gutes: Wenn all jene, die Waldeinsamkeit und atemberaubende Landschaftsbilder zu schätzen wissen, im Mietwagen die Berge ansteuern würden, wäre auf den engen Sträßchen der Superstau vorprogrammiert. Und vier Räder braucht man schon, um das Hinterland der Ferienküste zu entdecken: Das öffentliche Busnetz ist in der nur dünn besiedelten Region nicht auf Tagesausflügler ausgerichtet. Am besten wählt man dafür einen gewöhnlichen Werktag. Denn an Sonn- und Feiertagen, wenn die Canarios mit Kind und Kegel unterwegs sind, bricht der Verkehr vielerorts jetzt schon zusammen.

Das Herz der Insel

Stellvertretend für „das andere Gran Canaria" steht Tejeda. Rund 1000 Meter hoch über dem Meer und gerade mal eine Autostunde von den umtriebigen Ferienstädten entfernt, fühlt man sich hier wie in einer anderen Welt. Im Frühjahr duftet es nach Lavendel, Zistrosen zeigen ihre rosa Blüten, Stechginster überzieht die Hänge. Von der Pfarrkirche führt ein Pflasterweg durch verwinkelte Gassen ins Unterdorf La Tosca hinab, vorbei an Häuschen mit Holzbalkonen und Orangenbäumen im Garten.

Anfang Februar ist in Tejeda alles anders. Dann stehen die ausgedehnten Mandelhaine in voller Blüte und versetzen die Berghänge in einen zartrosa Blütentaumel. Obwohl die Mandel wirtschaftlich kaum noch ins Gewicht fällt, wird das Ereignis mit großem Tamtam gefeiert. Viele Einwohner holen für das Volksfest ihre alten Trachten aus dem Schrank. Die Männer tragen schwarze Westen und Filzhüte, in der Bauchbinde steckt ein Messer mit kunstvoll verziertem Knauf. Die Damen präsentieren sich in bestickter weißer Bluse und farbenfrohem Faltenrock, den Kopf schmückt

Einer der schönsten Orte im Inselzentrum ist
das malerische Tejeda (oben in nächtlicher
Beleuchtung mit dem 1803 m hohen Roque Nublo
im Hintergrund). Dieses liegt zu Füßen des 1412 m
hohen Roque Bentayga (ganz oben mit dem
Dörfchen El Espinillo im Vordergrund), in dessen
unmittelbarer Nähe sich auch das hübsche kleine
Dorf El Roque in die Felsen schmiegt (rechts).

Ein guter Ausgangspunkt für die Erkundung der gebirgigen Inselmitte ist das Bergdorf Tunte am Rand der – südlich an das Zentralmassiv der Insel grenzenden – Caldera de Tirajana.

Cruz de Tejeda: Kreuz am höchsten Punkt der Passstraße im Inselzentrum (1490 m ü. d. M.)

Das kanarische Klima

Special

Donnerwetter?

....

Gewitter mit Blitz und Donner sind auf Gran Canaria selten. Dennoch hat es das Wetter hier mitunter in sich – Langeweile kommt nicht auf. Relativ beständig ist das Wetter nur an der Süd- und Südwestküste, wo sich die meisten Touristen aufhalten. Unterm Sonnenschirm am Strand liegend, kann man oft auf eine dunkle Wolkenbank im Bergland schauen, über der sich ein Regenbogen zeigt.

Verantwortlich für das Wetter auf Gran Canaria ist der beständig wehende Nordostpassat, der dem Nordteil der Insel oft Wolken und vornehmlich in den Wintermonaten auch etliche Niederschläge bringt. Die Passatwolken stauen sich an den als Wetterscheide wirkenden, bis zu 2000 Meter hohen Bergen und regnen an der Nordseite der Insel ab. Der Süden dagegen kommt in der Regel ungeschoren davon: In Maspalomas regnet es nur etwa zwölf Tage im Jahr.

Passatwolken stauen sich am Bergland.

Allenfalls atlantische Tiefausläufer können stören. Dann bläst es mitunter gewaltig. Auf dem Meer türmen sich die Wellen, Ferienflieger müssen umgeleitet werden, im Hinterland knickt der Sturm Masten um und verwüstet Bananenplantagen. Doch öfter als ein oder zwei Mal im Jahr passiert das kaum. Tags darauf ist der Spuk meist schon wieder vorbei, und in den Fischlokalen an der Promenade werden die Stühle wieder rausgestellt.

ein keckes Strohhütchen. Die kniehohen Stiefel passen nicht ganz dazu; doch für die Einheimischen ist es jetzt Winter, auch wenn es 20 Grad warm ist. Die Dorfstraße ist mit Palmwedeln geschmückt. Korbflechtern und Besenmachern kann man bei der Arbeit über die Schulter schauen, Frauen beim Spinnen von Wolle beobachten. Ein festlich herausgeputztes Stiergespann zieht einen Holzschlitten über den Dreschplatz und demonstriert, wie früher die Spreu vom Weizen getrennt wurde. Der Duft von Gegrilltem vermischt sich mit dem von frisch gebrannten Mandeln. Vor einer wagenradgroßen Paellapfanne bildet sich eine lange Schlange, am Stand daneben kann man Ziegenkäse und andere Spezialitäten der Region verkosten.

Das Mandelblütenfest ...

... ist immer auch eine willkommene Bühne für Volksmusik. Zu den Klängen der Timple, dem (der Ukulele ähnelnden) typischen Saiteninstrument der Kanarischen Inseln, werden traditionelle Tänze aufgeführt. Sobald die Sonne tiefer steht, ändert sich die Szene. Kaum haben die Timplespieler die Instrumente eingepackt, dröhnen lautstark Salsa und Merenge von der Bühne. Das kann sich bis in die Morgenstunden hinziehen, selbst Kinder machen noch lange mit.

Die Schönheit (auch der hiesigen Felsformationen) liegt im Auge des Betrachters: Während der ...

... Mountainbiker auf seiner rasanten Downhilltour eher keinen Blick dafür haben dürfte, erschließt sich dem Spaziergänger der Reiz der hiesigen Natur Schritt für Schritt.

Anders als in den Küstenorten verläuft das Leben im Inselzentrum in etwas ruhigeren Bahnen. Da bleibt wie hier in Tejeda noch Zeit zur generationenübergreifenden Rast auf der Sonnenbank – lebhafter wird es nur an den Wochenenden, wenn es die Küstenbewohner „in die Mitte zieht".

Vom Gebirgsdorf Artenara fällt hier der Blick auf den auch „Wolkenfels" genannten Roque Nublo (am rechten Bildrand), einen 65 m hohen Vulkanschlot, der den Altkanariern heilig war.

Seen und Berge

Den Atlantik vor der Haustür, pittoreske Bergseen im stillen Hinterzimmer: Gran Canaria hat beides. Von der Südküste führt ein in Arguineguín beginnendes Teersträßchen ins Herz des Seenlandes. Kaum hat man dem Zementwerk den Rücken gekehrt, nimmt einen ein Stück unverbrauchtes Gran Canaria gefangen. An den Ufern der Talsperre von Soria erfreut ein Wäldchen aus Dattelpalmen das Auge, in der Dorfbäckerei der gleichnamigen Ortschaft duftet es nach frischem Anisbrot, im Landgasthof Casa Fernando sitzen Ausflügler über einem Ziegenragout. Nur schade, dass die Bruchsteinhäuser am See mehr und mehr verfallen, mit dem Bau des Staudamms mussten sie 1972 geräumt werden. Vom Nordufer des Sees schlängelt sich eine Jeeppiste zur Presa Cueva de las Niñas – die reizvollen Picknickplätze am „See der Mädchenhöhle" können jedoch auch von Ayacata aus angefahren werden. Südlich von Ayacata erreicht man auf einer Stichstraße den Chira-See, der sich auf einem Wanderpfad in einer guten Stunde umrunden lässt.

Von der Westküste aus erlaubt ein Sträßchen durch den Barranco de la Aldea einen spektakulären Zugang ins Bergland. Hinter San Nicolás windet sich die schmale Teerstraße in ungezähl-

ten Serpentinen durch eine tief eingekerbte Schlucht, in der gleich vier kleine Stauseen anlegt wurden. Oberhalb vom Damm der Presa de Parralillo lohnt es sich, an einer restaurierten Windmühle innezuhalten, um das Bergpanorama zu genießen. Ein Stück weiter wirken die Höhlenhäuser von Acusa Verde wie ein Außenposten der Zivilisation. Den vielleicht besten Überblick in die Schlucht von Aldea erlaubt die aussichtsreiche Wanderung auf den 1376 Meter hohen Gipfel der Altavista. Wer will, der kann dem Sträßchen bis ins Bergdorf Artenara folgen. Schon die Ureinwohner lebten hier in Wohnhöhlen; mit einfachsten Werkzeugen gruben sie recht geräumige Räume in den weichen Tuff.

Markttag in San Mateo

Jeden Samstag hält in Vega de San Mateo der große Bauernmarkt alles bereit, was das Umland an Grünzeug und Früchten hergibt. Schon frühmorgens herrscht in der großen Halle emsiges Gewusel. An den Ständen stapeln sich neben Mandarinen, Zitronen und anderen Südfrüchten auch Cherimoyas. In Mitteleuropa sind diese ursprünglich in Südamerika beheimateten Früchte unter Namen wie Annone und Zimtapfel bekannt. Eine junge Mutter mit zwei Mädchen am Rockzipfel prüft per Fingerdruck, wann

die Frucht verzehrbereit sein wird. Sobald die Schale nachgibt, wird die Cherimoya in der Mitte durchgeschnitten und ausgelöffelt – köstlich! Nicht nur Kinder sind nach der wie Vanillepudding schmeckenden Frucht verrückt.

„Für heute oder für morgen?", will der Obsthändler wissen.

Die Mutter schaut ihre Sprösslinge an und weiß: „Am besten für sofort."

Eingeschleppte Arten

Gran Canaria ist ein anerkanntes Biosphärenreservat der UNESCO. Trotzdem sind etliche Arten vom Aussterben bedroht. Immer wieder kommt es vor, dass eingeschleppte Pflanzen sich ungestüm ausbreiten und die einheimische Flora in Bedrängnis bringen. Das betrifft nicht nur die Pflanzenwelt, sondern auch die Fauna. Das neueste Beispiel dafür ist die Schlangenplage. Schlangen in freier Wildbahn gab es auf Gran Canaria gar nicht – bis die Kalifornische Kettennatter auftauchte. Mangels natürlicher Feinde konnte sich diese bis zu anderthalb Meter lange Schlange stark vermehren, mittlerweile ist sie eine Bedrohung für einheimische Arten. Ihre Beutetiere sind vor allem Eidechsen, Geckos und Skinke. Doch hier zuletzt ein kleiner Trost für Wanderer: Die Kettennatter ist völlig harmlos und ungiftig.

Die malerischsten Ausblicke

Die Inseln aus der Vogelperspektive

Das Meer und die Berge gehen auf den Kanaren eine innige Verbindung ein, von vielen Aussichtspunkten aus sieht man beides. Für einen guten Überblick muss man dabei gar nicht so hoch hinaus, manchmal reicht schon der nächste Vulkanhügel. Die besten Plätze für das ganz große Panorama wollen jedoch entdeckt werden.

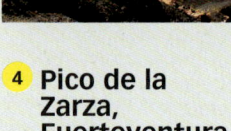

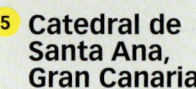

1 Mirador del Río, Lanzarote

Zweifelsohne hatte der Landschaftsarchitekt César Manrique ein sicheres Gespür für spektakuläre Plätze – aus einer Höhe von 500 m bricht hier das Land fast senkrecht zum Meeresarm El Río ab, über den sich ein grandioser Blick hinüber nach La Graciosa und zu den benachbarten Felseninseln eröffnet. Unter Kunst-Aficionados gilt der geschickt auf einer Kliffkante platzierte Mirador als nahezu perfekte Symbiose von Architektur, Natur und Kunst.

Carretera LZ-203, 10 km nördl. von Haría, tgl. 10.00–17.45 Uhr

2 Tejeda, Gran Canaria

Ohne jeden Zweifel nimmt unter den Aussichtspunkten im Bergland Gran Canarias der Kirchplatz von Tejeda die Spitzenposition ein. „Gewitter aus Stein" nannte der baskische Philosoph Miguel Unamuno das Panorama auf die beiden von Wind und Wetter freigelegten Vulkanschlote Roque Nublo und Roque Bentaiga, die weithin die Szenerie prägen. Wenn dann noch im Tal die Mandelbäume blühen …

Kirchplatz Tejeda

3 Mirador del Balcón, Gran Canaria

Vom Parkplatz an der an sich schon spektakulären Panoramastraße führt ein Treppenweg zu einer Aussichtskanzel hinab, die wie an die Steilküste geklebt wirkt. Nirgendwo sonst zeigt sich die von bizarren Felszacken dominierte Westküste der Insel so spektakulär. Ganz weit im Nordosten setzt der rotweiß gestreifte Leuchtturm auf der Punta de Sardina einen Akzent. Ist das Wetter gut, ist in der Ferne Teneriffas Pico del Teide sichtbar. Ein geradezu magischer Platz!

Carretera GR-200, zw. La Aldea de San Nicolás und Agaete

4 Pico de la Zarza, Fuerteventura

Von null auf 812 m! Von Jandía Playa führt ein gut ausgebauter Wanderweg auf Fuerteventuras höchsten Gipfel hinauf. Dramatisch fällt das Jandía-Massiv zur Nordküste der Halbinsel ab, an der auf einer Geröllterrasse über der Playa de Cofete der markante Rundturm der legendären Villa Winter auszumachen ist. Im Gipfelbereich blüht mitten im europäischen Winter eine große Kolonie des Seidenhaarigen Goldsterns – dieser hübsche Korbblütler kommt ausschließlich auf Fuerteventura vor.

Ausgangspunkt Jandía Playa, Gehzeit hin und zurück knapp 5 Std.

5 Catedral de Santa Ana, Gran Canaria

Mit einem Fahrstuhl kommt man in wenigen Sekunden zu einer luftigen Aussichtsplattform zwischen den beiden Türmen und von dort über zwei Treppen noch ein Stückchen höher hinauf. Vom Dach der Kathedrale zeigt sich der rechteckige Rathausplatz en miniature, über die Straßenfluchten der Metropole schweift der Blick bis zu den Ladekränen und Kais vom Puerto de Luz.

Las Palmas, Plaza de Santa Ana, Mo.–Fr. 10.00–16.30, Sa. 10.00–13.30 Uhr

ATLANTISCHER
OZEAN

Lanzarote   **9** **1**
● Arrecife

Tenerife
Santa Cruz   *Fuerteventura*   **6** ● Puerto
del Rosario
7 **5**
2 ● Las Palmas   **4**
3 **8**   Morro Jable

Gran Canaria
AFRIKA

6 Mirador de Morro Velosa, Fuerteventura

Wer durch die Ebene von Llanos de la Concepción heranfährt, kann das exponiert auf dem zentralen Bergzug platzierte Panoramalokal schon von Weitem erkennen. Auf dem 645 m hoch gelegenen Passübergang angekommen, lässt sich von der Terrasse der ganze Inselnorden bis hin zu den Dünen von Corralejo überblicken, bei klarem Wetter sieht man auch die Silhouette von Lanzarote.

Camino Velosa s/n, an der Carretera FV-30
3 km nördl. von Betancuria, Di.–Sa. 10.00–18.00 Uhr

7 Montaña de Arucas, Gran Canaria

Mit 412 m nimmt sich die Höhe des Vulkankegels zwar relativ bescheiden aus. Doch dank der isolierten Lage über einer von Bananenplantagen vereinnahmten Kulturlandschaft liegt einem hier die ganze Nordküste zu Füßen: Im Osten zeigt sich Las Palmas, im Westen der »kleine Teide« von Gáldar. Prakti- scherweise kann man mit dem Auto bequem auf die weitläufige Gipfelkuppe hinauffahren. Einen Kraterkessel sucht man dort allerdings vergebens – er wurde in den 1950er-Jahren zugunsten eines Aussichtslokals zugeschüttet.

Arucas,
Calle Dr. Fleming s/n

8 Bandama, Gran Canaria

In Bandama ist man ziemlich nahe am vulkanischen Erbe von Gran Canaria dran. Die Caldera entstand vor vermutlich 3000 bis 5000 Jahren durch eine Wasserdampfexplosion. Vom Aussichtspunkt auf dem 574 m hohen Pico de Bandama kann man in den fast kreisrunden Kesselgrund hineinschauen, in dem noch bis vor wenigen Jahren etwas Landwirtschaft betrieben wurde. Ganz nebenbei zeigt sich auch das Häusermeer der Metropole Las Palmas zum Greifen nahe.

Monte Lentiscal, von dort auf der Carretera GC-802 bis zum Gipfel

9 Mirador de Haría, Lanzarote

Eine enge Serpentinenstraße schraubt sich im nördlichen Bergland von Lanzarote bis zu einem kleinen Parkplatz auf 600 m hinauf. An einer Gruppe junger Drachenbäume eröffnet sich ein erhabener Ausblick auf das von Vulkankegeln eingefasste „Tal der 1000 Palmen", in dessen Mitte mit Haría eines der schönsten Inseldörfer liegt. Winterliche Niederschläge vorausgesetzt, präsentiert sich die ansonsten herbe Vulkanlandschaft überraschend grün.

Carretera LZ-10, 2,5 km südl. von Haría

Hohe Berge, stille Täler, weite Seen

Gran Canarias Zentralgebirge hält tolle Naturerlebnisse bereit. Vom 1949 m hohen Pico de las Nieves in der Inselmitte ziehen sich tiefe Barrancos sternförmig zur Küste, die der Insel zu ihrer zerklüfteten topografischen Gestalt verhelfen. Es ist eine Region von stiller Schönheit, mit Mandelhainen und idyllisch von der Bergwelt eingefassten Stauseen.

① Telde

Hat man die ausufernden Wohnquartiere und Industrieansiedlungen an der Peripherie der Großstadt (102 000 Einw.) am Ostrand des Berglandes hinter sich gelassen, überrascht im Barrio San Francisco ein intakter Altstadtkern.

SEHENSWERT

Touristischer Anziehungspunkt im Barrio San Francisco ist die von mächtigen Lorbeerbäumen beschattete, von repräsentativen Bürgerhäusern eingefasste **Plaza de Juan**. Dort steht auch die Johannes dem Täufer geweihte Pfarrkirche **San Juan Bautista**. Die dreischiffige Basilika beherbergt ein mittelalterliches flämisches Retabel der Brüsseler Schule.

MUSEUM

Die **Casa-Museo León y Castillo** illustriert den Lebensweg des in Telde geborenen Politikers Fernando León y Castillo (1842–1918), der es in Madrid bis zum Vizepräsidenten des Abgeordnetenhauses brachte (Calle León y Castillo 43–45, Di.–So. 10.00–18.00 Uhr).

Faszinierende Bergwelt im Inselzentrum: Blick vom Cruz de Tejeda auf den Roque Bentayga (oben); Bauernmarkt in Teror (rechts)

UMGEBUNG

Etwa 6 km südlich von Telde zweigt von der GC-100 ein Sträßchen nach **Cuatro Puertas** ab. Vier in die Montaña Bermeja eingelassene Höhlen dienten den Altkanariern als Wohnplatz, auf der Kuppe des Berges werden in den Fels gelassene Rillen als Kultplatz interpretiert. Die archäologische Stätte ist frei zugänglich.

② Santa Brígida

Der Villenvorort von Las Palmas profitiert von seiner Halbhöhenlage rund 500 m über dem Meer, für die Hauptstädter ist er eine beliebte Sommerfrische. In der Region wird in kleinem Umfang Wein kultiviert, der in etlichen Bodegas verkostet werden kann.

HOTEL

Englisches Flair vermittelt das Vier-Sterne-Hotel € € **Escuela Santa Brígida**. Ende des 19. Jhs. eröffnet, war es eine der ersten Ferienunterkünfte auf den Kanaren. Das umfassend modernisierte Haus wird als Hotelfachschule geführt (Monte Lentiscal, Tel. 928 47 84 00, www.hecansa.org).

UMGEBUNG

Die etwa vor 5000 Jahren entstandene **Caldera de Bandama** (8 km östl.) zählt zu den am besten erhaltenen Vulkankratern der Insel. Von Monte Lentiscal schlängelt sich ein enges Sträßchen bis zum 570 m hohen **Pico de Bandama** hinauf, der eine feine Aussicht auf das Häusermeer von Las Palmas freigibt. Im gut 200 m tiefen, weitläufigen Kratergrund bezeugt eine alte Finca, dass man dort früher Wein kultivierte.

③ Teror

Das Landstädtchen (12 800 Einw.) an der Nordabdachung des Zentralgebirges ist mit seiner Wallfahrtskirche der religiöse Mittelpunkt der Insel und zugleich ein bedeutender Marktflecken.

SEHENSWERT

Flaniermeile in der attraktiven Altstadt ist die kopfsteingepflasterte **Calle Real** mit hübsch restaurierten Bürgerhäusern aus dem 16. und

---

Tipp

Das Fest der Jungfrau

Inselfeste gibt es auf Gran Canaria das ganze Jahr über, das bedeutendste davon ist die **Fiesta de la Virgen del Pino** in **Teror**. Jeweils am 8. September steht das Bergstädtchen im Mittelpunkt einer großen Wallfahrt. Anlass dazu gab eine Legende, nach der 1481 einem Hirten in einer mächtigen Kiefer die Heilige Jungfrau erschienen sein soll. Die Jungfrau von der Pinie ist die Schutzpatronin von Gran Canaria. An der auch folkloristisch eindrucksvollen Straßenprozession zu ihren Ehren strömen Zehntausende Gläubige und Schaulustige nach Teror.

17. Jh. Die „Königliche Straße" endet vor der neoklassizistischen **Basílica Nuestra Señora del Pino** (1767). Die dreischiffige Wallfahrtskirche ist der Schutzpatronin der Insel geweiht (Mo.–Fr. 11.00–15.00, So. 11.00–14.00 und 15.30–17.45 Uhr). An der **Plaza de Pio XII** werden in der **Casa Cultura**, dem einstigen Bischofspalast, diverse Wechselausstellungen gezeigt.

MUSEUM

Schräg gegenüber der Wallfahrtskirche macht die **Casa-Museo de los Padrones de la Virgen** Besucher mit der herrschaftlichen Wohnkultur der Adelsfamilie Manrique de Lara bekannt (Plaza de Nuestra Señora del Pino, Mo. bis Fr. 11.00–18.00, So. 10.00–14.00 Uhr).

HOTEL

In der € € **Casa Rural Doña Margarita** werden großzügig geschnittene Apartments vermietet (Calle Padre Cueto 4, Tel. 928 63 19 21, www.margaritacasarural.com).

RESTAURANT

Preiswerte Pizzas, nahr- und herzhafte Eintöpfe und kanarische Gerichte gibt es im rustikal aufgemachten € **El Rincón de Magüi** nahe der Basilika (Calle Diputación 6, Tel. 928 63 04 54).

EINKAUFEN

Jeden Sonntag (9.00–15.00 Uhr) präsentieren auf dem **Mercadillo** rund um die Wallfahrtskirche etwa 140 Stände Kunsthandwerk, Textilien und kulinarische Spezialitäten aus der Region.

UMGEBUNG

An der Ortsausfahrt in Richtung Arucas lädt die **Finca de Osorio** zu Spaziergängen ein. Mittelpunkt des in öffentlicher Hand befindlichen, 200 ha großen Grundbesitzes ist ein repräsentatives Herrenhaus aus dem 16. Jh. (tgl. 9.00 bis 17.00 Uhr).

④ Tejeda

Das viel besuchte Bergdorf **Tejeda** TOPZIEL (2000 Einw.) liegt malerisch im gebirgigen Herz der Insel, gut 1000 m über dem Meer. Besonders reizvoll zeigt sich der aufgehübschte Ort zur Mandelblüte im Februar.

MUSEEN

An der Kirche zeigt das **Museo de Escultaras** Arbeiten des lokalen Bildhauers Abraham Cárdenes (Calle Leocadio Cabrera s/n, Di.–Fr. 11.00–15.00, Sa. und So. 11.30–14.30 Uhr). Im **Museo de Tradiciones** macht eine Sammlung

Roque Nublo (oben); Impressionen aus einer Bäckerei (oben rechts) und dem Ort Tejeda selbst (unten rechts)

Besucher u. a. mit der Eroberungsgeschichte Gran Canarias und der Wohnkultur der bäuerlich geprägten Region bekannt. Das **ethnografische Museum** ist in einem typisch kanarischen Landhaus untergebracht (Calle Párroco Rodríguez Vega 6, Di.–So. 11.00–16.00 Uhr). Nicht weit davon entfernt gibt das **Centro de Interpretación de Plantas Medicinales** einen interessanten Überblick über die Heilpflanzen Gran Canarias (Calle Párroco Rodríguez Vega 10, Di.–Sa. 11.00–15.30, So. 11.00 bis 16.00 Uhr).

HOTELS

Im Ortszentrum werden im € € **Hotel Rural Fonda de La Tea** 20 rustikale Zimmer vermietet (Calle Ezequiel Sánchez 22, www.hotel fondadelatea.com, Tel. 928 66 64 22). Sehr komfortabel wohnt es sich rund 8 km entfernt im € € € **Parador de Cruz de Tejeda**, der höchstgelegenen Unterkunft Gran Canarias (Tel. 928 01 25 00, www.parador.es).

RESTAURANT

Eine beliebte Adresse mit preiswertem Tagesmenü: € / € € **Cueva de la Tea** (Calle Doctor Domingo Hernández Guerra 21, Tel. 928 66 63 06).

EINKAUFEN

Die **Dulcería del Nublo** ist für ihre lokalen Backspezialitäten bekannt (Calle Dr. Hernández Guerra 15).

UMGEBUNG

Am Fuß des 1404 m hohen **Roque Bentayga** TOPZIEL erklärt ein kleines Besucherzentrum den vulkanischen Ursprung des Monolithen und macht außerdem auf einen Opferplatz der Altkanarier aufmerksam. Wer trittsicher genug und schwindelfrei ist, kann in gut 20 Minuten dorthin aufsteigen. Der 65 m hohe Vulkanschlot **Roque Nublo** TOPZIEL (10 km südl.) lässt sich auf einem Rundweg umwandern. Im Rahmen dieser Wanderung sind wundervolle Ausblicke zu genießen.

INFORMATION

Oficina de Información Turística, Calle Leocadio Cabrera 2 (im Skulpturenmuseum), Tel. 928 66 61 89, www.tejeda.es

⑤ San Bartolomé de Tirajana

Die 900 m hoch gelegene Kleinstadt am Rand der Caldera de Tirajana ist das südliche Eingangstor ins zentrale Bergland. Der wohlhabende Gemeindesitz ist zugleich das Verwaltungszentrum der Costa Canaria.

HOTEL

Das Berghotel € € € **Rural Las Tirajanas** mit einem kleinen Spa liegt in aussichtsreicher Lage am Fuß des steil aufragenden Zentralmassivs und ist ein guter Standort für Bergwanderer und Mountainbiker; die Strände im Süden sind 40 Autominuten entfernt (Calle Oficial Mayor José Rubio s/n, Tel. 928 56 69 69, www.hotelrurallastirajanas.com).

UMGEBUNG

In **Santa Lucia** (8 km östl.) lohnt ein Blick auf die arabisch wirkende Kuppelkirche. Im Privatmuseum Castillo de la Forteza werden archäologische und geologische Exponate ausgestellt. Zum Museum gehört das viel von Reisebussen frequentierte urige Restaurant Hao.

⑥ Artenara

Von dem 1251 m hoch gelegenen Bergdorf (500 Einw.) – es ist das höchste der Insel – ergeben sich faszinierende Ausblicke in das Zentralgebirge. Artenara ist zugleich als Höhlen-

Von der 1376 m hohen Bergkuppe Altavista genießt man den tollen Blick auf die von Barrancos zerfurchte Bergwelt.

dorf bekannt, etliche Einwohner haben sich in den teils schon von den Ureinwohnern angelegten Höhlen recht komfortabel eingerichtet.

SEHENSWERT

In der in den rotbraunen Tuff geschlagenen **Ermita de La Cuevita** wird eine vermutlich von Mallorca stammende Marienstatue verehrt. Von außen erkennt man die Kapelle lediglich an dem über dem Portal angebrachten kleinen Glockengiebel. Der **Mirador de Unamuno** erlaubt Blicke in die Caldera de Tejeda und zur Küste. Der Platz ist nach dem baskischen Dichter Miguel de Unamuno benannt, der die Bergwelt Gran Canarias als „Gewitter aus Stein" beschrieb.

RESTAURANT

Das Schönste an dem einfachen Dorflokal **La Esquina** ist die tolle Aussichtsterrasse (Párroco Domingo Báez 1, Tel. 928 66 63 81).

WANDERUNG

Ab der GC-210 in Richtung Tamadaba beginnt bei Km 1,4 ein bequemer **Höhenweg auf die Altavista**. Von der 1376 m hohen Bergkuppe genießt man den tollen Blick auf die von Barrancos zerfurchte Bergwelt. Der Weg hin und zurück dauert etwa dreieinhalb Stunden.

UMGEBUNG

Im Nordwesten von Artenara erschließt eine Ringstraße den **Pinar de Tamadaba**. Der lichte Wald aus Kanarischen Kiefern lädt zum Wandern und Picknicken ein, etliche Aussichtsplätze erlauben weite Blicke zur Westküste hinab. An der Straße zwischen Artenara und Cruz de Tejeda ergibt sich vom Rand eines Kraterkessels ein eindrucksvoller Panoramablick in die **Caldera Pinos de Gáldar**. Die Caldera entstand vor etwa 3000 Jahren durch eine vulkanische Explosion, bei der die Spitze des Berges weggesprengt wurde.

❼ La Aldea de San Nicolás

Der Gemeindesitz fungiert als ländliches Zentrum der nur dünn besiedelten Westküste. Rund um den Ort werden in großem Stil Tomaten kultiviert, das Wasser dazu liefern die Stauseen im wildromantischen Barranco de la Aldea.

SEHENSWERT

Im Ortsteil Tocodomán können im **Kaktuspark Cactualdea** rund 1200 stachlige Gewächse bewundert werden (tgl. 10.00–17.30 Uhr).

ERLEBEN

Einer der Höhepunkte im Festkalender ist die **Fiesta del Charco** im September, bei der sich Tausende Menschen vollständig bekleidet in einem Tümpel eine Schlammschlacht liefern.

UMGEBUNG

Auf der Küstenstraße (GC-200) gen Agaete gewährt am Km 24,8 der **Mirador del Balcón** eine traumhafte Sicht auf die Westküste.

Genießen   Erleben   Erfahren

DuMont Aktiv

Traumpfade für Wanderer

Das anders als die Küstengebiete noch wenig erschlossene Bergland Gran Canarias ist viel ursprünglicher, als man denkt, und auch deshalb unter Wanderern schon lange kein Geheimtipp mehr. Wer nicht auf eigene Faust wandern will, der kann sich einer organisierten Wanderreise anschließen.

Auf etlichen Inselwegen waren schon die Ureinwohner unterwegs. Die Spanier bauten nach der Eroberung viele davon zu Dorfverbindungen aus. Man legte Stützmauern an, wo es besonders steil hochging, wurden die Pfade gestuft, viele Wege erhielten auch ein solides Pflaster. Geldgeber für diese sogenannten Caminos reales (Königswege) war die spanische Krone. Die Königswege sind heute das Herzstück des Wegenetzes auf der Insel. Etliche wurden in den letzten Jahren instand gesetzt und markiert.

Ein beliebtes Wandergebiet ist die Region rund um Tejeda, das von der Südküste aus ab Faro de Maspalomas auch gut mit dem Linienbus erreichbar ist. Für viele andere Ausgangspunkte empfiehlt sich allerdings ein Mietwagen. Wanderziele gibt es mehr als genug, darunter erloschene Vulkankrater, Höhlendörfer oder die bizarren Felsnadeln von Roque Nublo und Roque Bentayga. Und natürlich lohnt auch der Aufstieg auf den einen oder anderen Panoramagipfel.

Weitere Informationen

Eine achttägige Wanderreise bietet Wikinger (www.wikinger-reisen.de) an. Vor Ort organisiert das Tourismuspfarramt der Evangelischen Gemeinde in Maspalomas von April bis Oktober geführte leichte Bergwanderungen. Daran können auch Menschen teilnehmen, die nicht in der Kirche sind (www.kirche-gc.de). Die Busgesellschaft Global hat auf ihrer Internetseite (www.glo balsu.net) Wanderungen zusammengestellt, deren Start- und Endpunkte gut per Bus erreichbar sind.

Über Stock und Stein: Wer in der einzigartigen Bergwelt Gran Canarias wandern geht, wird vielerorts mit spektakulären Panoramen belohnt.

Auf der Sonnenseite

„Sonnenland" heißt eine
Feriensiedlung an der Costa
Canaria ganz offiziell. Zugegeben,
mit ihrer Lage ein gutes Stück vom
Meer entfernt im Hinterland des
viel berühmteren Maspalomas
ist diese Urbanisation als Ferien-
domizil nicht unbedingt die
erste Wahl. Doch der Name
hält, was er verspricht. Sonne
satt, fast das ganze Jahr über –
das ist es, was alljährlich ein
Millionenpublikum anzieht. Gran
Canarias Süden gehört zu den
Lieblingsreisezielen der Deutschen.
Seit Jahrzehnten schon stellen
sie das größte Gästekontingent.

Ein Höhepunkt im Festkalender ist Mitte Juli die Fiesta del Carmen, mit der in vielen
Hafenorten der Schutzheiligen der Fischer gedacht wird.

Strandleben: An der Playa del Inglés nimmt das
sommerliche Vergnügen seinen Lauf.

Strandspiele: Man(n) zeigt, was man hat.

Sandstrand: Die Dünen von Maspalomas sind fast zu schön,
um wahr zu sein.

Strandparty: Gefeiert wird bei Tag und bei Nacht.

Mit 240 Kilometer Küstenlänge ist Gran Canaria gar nicht so klein. Ein großer Teil davon entpuppt sich vor Ort aber als unzugängliche Felsen- oder Steilküste. Feine Sandstrände, wie man sie vornehmlich an der Südküste findet, machen „nur" 32 Kilometer aus. Und genau dorthin zieht es die Touristen: Drei von vier Inselgästen verbringen ihre schönsten Tage des Jahres in der Nähe vom Wasser. Bevorzugt werden Playa del Inglés und Maspalomas, wo man rund ums Jahr baden kann. Milde Winter und längst nicht so heiße Sommer wie an der Mittelmeerküste locken, und die Ferienküste Gran Canarias hat Platz für 200 000 Gäste.

Der Strand der Engländer

Die Playa del Inglés hat ihren Namen von den Engländern. Auf Gran Canaria bildeten sie vor gut hundert Jahren die Vorhut des Massentourismus – die Canarios gewöhnten sich bald an, jeden ausländischen Gast als Engländer zu bezeichnen. Das ist bis heute so geblieben, auch wenn an der Playa del Inglés längst deutschsprachige Stimmen überwiegen.

Der Strand jedenfalls ist eine Wucht. Feinsandig fällt er flach ins Meer ab, und das auf sechs Kilometer Länge. In der Hauptsaison erfrischen sich an der Playa del Inglés jeden Tag Zehntausende

Badeurlauber gleichzeitig. Solange die Sonne am Himmel steht, stört es niemanden, dass es in der Hotelstadt ansonsten nichts zu entdecken gibt – es sei denn, man hat zufällig ein Faible für nicht mehr ganz frische Ferienarchitektur.

Nachts wetteifern rund 50 Diskos und Clubs, die zahlreichen Pubs und Hotelbars nicht eingerechnet, mit Laserblitzen und den letzten Trends um die Gunst der Jungen und Junggebliebenen. Viel mehr Auswahl bietet eine deutsche Großstadt auch nicht. Die Locations heißen Pacha, Garage, Chic & Cream, manche machen nicht vor Mitternacht auf und schließen erst, wenn die morgendlichen Strandläufer schon wieder unterwegs sind.

Hotelarchitektur in XXL

Leider blieb die Costa Canaria von Bettenburgen nicht verschont. Zu rasant verlief der Aufstieg zur Top-Feriendestination. In den ersten Boom-Jahren brauchte man schnell viel Platz für möglichst viele Feriengäste. Doch der Billigtourismus in Playa del Inglés ist nur eine Seite der facettenreichen Südküste. Das neue Luxusquartier Meloneras westlich des Leuchtturms von Maspalomas zum Beispiel ist weniger auf Gäste ausgelegt, die alles inklusive haben wollen, als auf solche, die einen Golfplatz vor der Haustüre zu schätzen wissen. Denn in Meloneras

will man sich bewusst vom Billigtourismus an der Playa del Inglés abheben. Es gibt ausschließlich Hotels der gehobenen Kategorie – unter vier Sternen geht nichts. Die Resorts versuchen sich mit exklusiven Wellnessoasen, Fitnessangeboten und Feinschmeckerlokalen zu übertreffen. Palastartig gibt sich der monumentale Hauptbau des unmittelbar neben dem Leuchtturm auf rund 100 000 Quadratmetern aus dem Boden gestampften Großhotels Costa Meloneras, in dessen zur Meerseite geöffneter Poollandschaft sich die Badegäste fast wie im Atlantik fühlen.

Dorfatmosphäre? Ja, bitte!

Ein kleines Viertel für sich ist der im kanarischen Architekturstil gehaltene Komplex des Gran Hotel Villa del Conde. Zentraler Fokus der Nobelanlage ist ein Nachbau der fünfschiffigen Kirche von Agüimes. Wie es sich für ein richtiges kanarisches Dorf gehört, gibt es im Villa del Conde eine zentrale Plaza. In von Palmen beschatteten Terrassencafés trifft man sich auf einen Milchkaffee zum Plausch. An den umliegenden Giebelhäusern kleben kanarische Holzbalkone, die Fassaden sind in warmen Pastelltönen gehalten. Von klotziger Bettenburg keine Spur, dafür trifft man hier auf eine „Erlebnisarchitektur", die gekonnt

Der Palmitos Park (oben und rechts) ist eine gelungene Verbindung aus Zoo und botanischem Garten. Stars dieses besten Freizeitparks Gran Canarias sind die Delfine, die zweimal täglich in einer Arena für 1500 Zuschauer Kunststücke vorführen. Weitere Tiershows gibt es mit Papageien und Raubvögeln, dazu kann man exotische Fische sowie Orang-Utans, Kängurus und andere Säugetiere beobachten. Und wem der Trubel im Süden zu viel wird, der kann einen Ausflug nach Fataga (ganz oben) machen, einer hübschen Palmenoase im Inselinneren.

In Puerto Rico türmen sich die Bettenburgen, aber am Strand …

… ist schon noch ein Plätzchen frei.

Gran Canarias Gay- und Lesbenszene

Special

Liberalitas Canariae

. . . .

Die Insel ist weithin für ihre lebhafte Gay- und Lesbenszene bekannt. Etliche Hotels haben sich ganz auf die – von offizieller Seite umworbene und meist recht zahlungskräftige – Zielgruppe eingestellt.

Das liberale Klima fällt bereits im Frühstückssaal auf. Niemand stört sich dort am Austausch von Nettigkeiten zwischen Frau und Frau oder Mann und Mann. In manchen Bungalowanlagen ist FKK am Pool üblich, auf den Flachbildschirmen im Zimmer laufen Gay-Kanäle. Der Abendtreff schlechthin ist das Yumbo Center in Playa del Inglés. Tagsüber kann man in dem Einkaufszentrum shoppen, Kaffee trinken und Tapas essen, nachts öffnen Dutzende einschlägige Bars und Clubs. Gay-Hotels, die ein Stück vom Yumbo Center entfernt liegen, bieten einen Shuttle-Service an.

Saisonhöhepunkte sind die Drag Queen Gala während des Karnevals und im Mai der Gay Pride, ein einwö-

Spiel der Geschlechter: beim Yumbo Center

chiges Fest mit Musik, Shows, Kleinkunst und einer Kostümparade. Im Jahr 2011 feierte „das erste homosexuelle Golfturnier" Premiere. Natürlich gibt es an der kilometerlangen Playa del Inglés einen von Gays und Lesben bevorzugten FKK-Abschnitt.

Welche Locations in der Szene gerade besonders angesagt sind, erfahren Männer und Frauen auf *www. gay-grancanaria.com* und *www.lesbiangrancanaria.com*.

die Inseltraditionen aufgreift, wie es der Künstler César Manrique auf Lanzarote schon vor 40 Jahren vorgemacht hat. Alles soll möglichst authentisch wirken. Fehlt nur noch der ewig flimmernde Fernseher in der Bar und ein an der Theke lehnender Canario, der mit dicker Zigarre im Mundwinkel die vom Fang heimkehrenden Fischer begrüßt.

Es gibt hier auch À-la-carte-Restaurants, in denen man den Tisch vorher reservieren muss, der Kellner eine echte Speisekarte bringt und der Wein nicht aus Pappbechern, sondern aus Kristallgläsern getrunken wird. Aber natürlich ist jedes auch noch so authentisch nachgestellte Dorfidyll künstlich. Jeder Gast weiß, dass nicht mal die Patina auf den Fassaden echt ist. Und doch wohnt und lebt es sich in einer solchen Umgebung schon ganz anders als in einem rein funktionalen Massenquartier.

Klein-Venedig

Nicht ganz so exklusiv gibt sich Puerto de Mogán am südwestlichen Rand der Ferienküste. Verglichen mit den Megaresorts in Meloneras nimmt sich das Viertel um den beschaulichen Jachthafen fast schon museal aus. Als in den 1980er-Jahren die ersten Gäste die einstöckigen Apartmentblöcke bezogen, galt die ins Wasser gebaute Feriensied-

Am Jachthafen von Puerto de Mogán, das gern als „Klein-Venedig" gerühmt wird und in den letzten Jahrzehnten eine rasante Entwicklung durchgemacht hat: vom kleinen Fischerdorf zum westlichen Randposten des Touristenzentrums im Süden von Gran Canaria

Vorteil Gran Canaria: Die Sonnenküste der Insel ist für den (meist deutschen) Touristen mit vier Flugstunden nicht allzu weit von zu Hause entfernt, der Zeitunterschied beträgt lediglich eine Stunde, und nicht zuletzt genießt Gran Canaria alle Vorzüge der Europäischen Union – eine bekannte Währung, keine Grenzkontrollen und in den Supermärkten ein durchaus vertrautes Warensortiment.

Playa de los Amadores: Der rund 400 Meter lange, sichelförmige Strand bei Puerto Rico gehört zu den schönsten von Gran Canaria.

lung als beispielgebend für eine neue Tourismusarchitektur. Der Komfort lässt mittlerweile vielleicht ein wenig zu wünschen übrig, doch in puncto Flair hat das „Klein Venedig der Kanaren" immer noch die Nase vorn. Etliche von kleinen Brücken überspannte Kanäle durchziehen das Quartier, Bougainvilleen ranken über den autofreien Flaniergassen, und direkt am Wasser lädt eine ziemlich lebhafte Restaurantszene zum Verweilen ein.

Wer in Puerto de Mogán auf mehr Luxus aus ist, der muss ausnahmsweise in die zweite Reihe ausweichen: Auch von dem Nobelhotel Cordial Mogán Playa sind es aber nur 300 Meter bis zum – künstlich mit hellem Sand aufgeschütteten – Strand. Geblieben sind die schroff aufragenden Küstenberge im Hinterland und das Landstädtchen Mogán, in dem man noch Spuren kanarischer Lebensart finden kann.

Vom Winde verweht

Im südlichsten Zipfel Gran Canarias gibt es eine Sandwüste, die optisch durchaus mit der Sahara mithalten kann. Inmitten der Ferienstadt nehmen sich die vom Wind haushoch aufgetürmten Dünenkämme von Maspalomas wie eine Fata Morgana aus. Der goldgelbe Sand kommt aber nicht, wie früher oft ver-

mutet, von Afrika herübergeweht – den Grundstock dafür liefern Abermilliarden Schnecken- und Muschelgehäuse, die über die Jahrtausende von der Brandung zu feinem Kalksand zerrieben wurden, bis der Wind sie schließlich an Land transportierte.

Für viele Urlauber auf Gran Canaria gehören die Dünen von Maspalomas zu den eindrucksvollsten Landschaftserlebnissen. Jeder Feriengast bringt davon ein paar Fotos mit nach Hause: Mama beim Sonnenbaden im Sandmeer, Lena und Leon auf dem Rücken eines Dromedars auf „Safari", die ganze Familie mit zum Victory-Zeichen gespreizten Fingern auf dem Kamm einer fast 20 Meter

Die Dünen von Maspalomas sind ein bedrohtes Biotop.

hohen sichelförmigen Bilderbuchdüne, im Hintergrund nichts als der azurblaue Atlantik.

Paradies mit Schlagseite

Wie lange werden wohl solche Bilder noch möglich sein? Die Dünen von Maspalomas sind ein bedrohtes Biotop. Winterstürme, die mit aller Wucht die Insel

treffen und den Sand hinaus ins Meer treiben, verursachen Probleme: Wenn kein Sand mehr am Strand ist, kann der Wind auch keine Dünen mehr formen.

Experten der Universität Las Palmas haben nachgewiesen, dass die Dünen heute einen bis zwei Meter niedriger sind als noch vor 35 Jahren. Sofern der Sandabtrag so voranschreitet wie zuletzt, besteht die Gefahr, dass in einigen Jahrzehnten die Hälfte des heute fast vier Quadratkilometer großen Gebiets verschwunden ist. Doch es sind nicht nur die Stürme schuld, auch die massive Küstenbebauung hat daran einen Anteil: Sie verhindert, dass die Dünen so wie früher wandern können.

Nicht zuletzt hinterlassen auch Tausende Dünenläufer ihre Spuren. Die Dünenflora im Hinterland wird dadurch empfindlich gestört. Immer wieder diskutiert deshalb die Umweltbehörde, ob der Zugang zu den Dünen reglementiert oder ganz gesperrt werden soll. Für die Touristen wäre das ein Jammer – für die Natur ein Segen.

WASSERVERSORGUNG

Im Spagat zwischen salzig und süß

Die Kanaren sind Inseln im Wind. Präziser ausgedrückt, liegen sie im Einflussbereich des Nordostpassats. Dieser treibt beständig mit Feuchtigkeit beladene Wolken in den Archipel, die allerdings ganz unterschiedlich auf die sieben Inseln verteilt werden.

Während die Westinseln La Palma, La Gomera und auch Teneriffa relativ gut mit Niederschlägen versorgt werden, könnte es auf Gran Canaria gern etwas mehr sein. Die Ostinseln Lanzarote und Fuerteventura profitieren vom Passat fast überhaupt nicht. Deren Berge sind zu niedrig, die Wolken ziehen darüber hinweg, ohne viel von ihrer kostbaren Fracht zu verlieren – entsprechend wüstenhaft präsentieren sich die Eilande. Das Wenige, das von oben kommt, kann zudem durch die vielerorts fehlende Vegetationsschicht nicht in den Boden einsickern und Grundwasser bilden; das Wasser verdunstet oder fließt ins Meer.

Ohne seine fast 2000 Meter hohen Berge wäre Gran Canaria fast genauso kahl wie Lanzarote und Fuerteventura. Trotzdem sind auch hier die Süßwasserreserven begrenzt. Bis ins 20. Jahrhundert hinein richtete man sich in den natürlichen Gegebenheiten ein, so gut es ging. Regenwasser wurde in Zisternen und in Stauseen gespeichert. Effektiv erwiesen sich diese Methoden allerdings nur in Ausnahmejahren mit hohen Niederschlägen. Zudem gibt es natürlich auch Brunnen und als kanarische Besonderheit mit viel Aufwand in den Berg getriebene Stollen, mit denen ebenfalls die Grundwasserreserven angezapft werden. Auf Gran Canaria misst der längste immerhin vier Kilometer. Die Wasserrechte für das so gewonnene Nass liegen in der Hand von privaten Aktiengesellschaften.

Gestiegener Verbrauch

Mit dem expandierenden Tourismus stieg die Bevölkerung Gran Canarias rasch an. 1894 lebten auf der Insel 94 000 Menschen, heute sind es fast zehnmal so viele. Dazu kommen jedes Jahr knapp drei Millionen Touristen. Diese wollen täglich duschen, im Pool schwimmen und auf einem der acht Golfplätze aktiv sein. Doch weder die privaten Haushalte noch der Tourismussektor sind die größten Wasserverbraucher, sondern die Landwirtschaft. Auf einem Ausflug entlang Gran Canarias Nordküste wird sofort augenscheinlich, was kultiviert wird – Bananen. In endlos erscheinender Monokultur ziehen sich die mit Plastikplanen abgedeckten Plantagen über terrassierte Hänge. Die schnell wachsenden Stauden brau-

Etliche Stauseen (oben: Presa de Chira) speichern das Regenwasser auf Gran Canaria.

chen enorm viel Wasser. Für ein Kilo der krummen Früchte werden etwa 300 bis 400 Liter Wasser eingesetzt, das meiste davon geht in dem bis zu drei Meter hohen Scheinstamm und dem üppigen Blattwerk verloren. Jeder Stamm bringt nur einmal Früchte hervor, was heißt, dass jedes Jahr ein neuer Stamm gezogen werden muss.

Wassermangel auf Gran Canaria ist also ein Thema, das sich nicht nur mit geringen Niederschlägen oder dem Tourismus erklären lässt.

Wasser aus dem Meer

Seit es möglich ist, Meerwasser zu entsalzen, hat sich die Lage auf den Inseln deutlich entspannt. Ohne entsalztes Meerwasser wäre so manche Kanareninsel mit dem heutigen Wasserverbrauch nicht mehr lebensfähig. Lanzarote ist fast zu hundert Prozent auf entsalztes Wasser angewiesen. Dort wurde bereits 1965 die erste Meerwasserentsalzungsanlage in Betrieb genommen, es war zugleich die erste in Europa. Auf Gran Canaria kommt mehr als die Hälfte des Brauchwassers aus dem Meer. Die Technik der Gewinnung ist ausgereift, hat jedoch den Nachteil, dass das Wasser sehr energieintensiv hergestellt wird. Der überwiegende Teil der Entsalzungsanlagen arbeitet mit fossilen Brennstoffen, also Erdöl. Erst in jüngster Zeit wurden mit erneuerbaren Energien betriebene Pilotprojekte entwickelt. Auf Gran Canaria ist eine vom Münchner Fraunhofer Institut entwickelte Anlage in Betrieb, in der das Meerwasser durch Sonnenenergie erhitzt wird. Auf Fuerteventura gibt es mit Windenergie gespeiste Umkehr-Osmose-Anlagen.

Entsalztes Meerwasser fließt auf den Kanaren heute ganz selbstverständlich aus der Leitung. Das dem Meer abgerungene Brauchwasser hat lediglich einen kleinen Nachteil: Es schmeckt nicht gut. Wer das unverfälschte Aroma von Kaffee oder Tee schätzt, greift besser auf ein gutes Mineralwasser zurück. Das kann durchaus von Gran Canaria kommen – beispielsweise aus der Quelle von Firgas.

Mit Wasser versorgt werden müssen Bananenplantagen genauso wie Hotelanlagen (im Bild der Pool des Hotels Ifa Dunamar an der Playa del Inglés).

Fakten & Informationen

. . . .

Der Wasserverbrauch auf den Kanaren beläuft sich auf **154 Liter pro Person und Tag** (Deutschland: 122 Liter). Auf Gran Canaria sind derzeit rund **130 kleine und große Meerwasserentsalzungsanlagen** in Betrieb.

Die schönsten Strände

Badeparadiese vom Feinsten

Traumstrände lassen sich nicht verstecken! Dennoch wird man auf den Badeinseln auch abseits vom Trubel vielerorts ein stilles Plätzchen finden, mit viel Sand, Dünen, glasklarem Wasser und nicht selten einer imposanten Bergkulisse im Rücken. Nicht alle Top-Strände sind allerdings auch badetauglich!

2 Dünen von Maspalomas, Gran Canaria

1 Playa de Cofete, Fuerteventura

Kein Haus weit und breit … Vom Geschrei aufgeregter Möwen begleitet stundenlang am Spülsaum entlangwandern und sich den Wind um die Nase wehen lassen – das ist nur an der völlig unverbauten Nordküste der Halbinsel Jandía möglich. Nur ins Wasser kann man nicht, dazu sind die Brecher zu hoch und die Unterströmungen zu gefährlich.

Cofete, erreichbar ab Busbahnhof Morro Jable im Allrad-Linienbus

Nahtlos gehen die kilometerlangen Strände von Maspalomas und Playa del Inglés ineinander über, und es verwundert kaum, dass gerade hier das größte Ferienzentrum der Kanarischen Inseln entstanden ist. Sand in Hülle versprechen die als Naturschutzgebiet unmittelbar angrenzenden Dünen, in denen man sich wie in der Sahara fühlt. Eine kleine Brackwasserlagune sorgt für zusätzlichen Reiz. Besonders malerisch wirken die haushohen Dünenkämme im Licht der untergehenden Sonne.

Maspalomas, östl. vom Leuchtturm

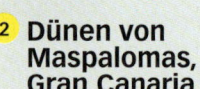

3 Playa de Güigüi, Gran Canaria

Abgeschiedener geht es kaum! In Gran Canarias wildem Westen versteckt sich am Fuß von hohen Küstenbergen ein etwa 200 m langer goldgelber Sandstreifen. Vielleicht gerade weil man nur mit dem Boot oder zu Fuß hinkommt, ist diese Playa so wunderschön und idyllisch. Auf dem markierten Wanderpfad braucht man für den Hin- und Rückweg etwa sechs Stunden, während derer zweimal ein gut 500 m hoher Passübergang überwunden werden muss. Guter Sonnenschutz und ausreichend Trinkwasser sollten unbedingt mit ins Gepäck.

Per Boot ab Puerto de Mogán, per pedes ab Tasartico

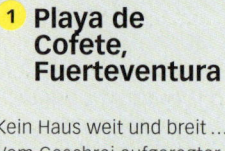

4 Playas de Jandía, Fuerteventura

Das waren noch Zeiten, als die Gäste der Ferienclubs von Robinson und Aldiana den Superstrand vor der Haustür fast für sich allein hatten! Mittlerweile muss man das Schöne mit vielen anderen teilen. Doch nach wie vor gibt es Platz in Hülle und Fülle – wer will, kann vom Leuchtturm in Jandía Playa immer am Strand entlang bis ins fast 20 km entfernte Costa Calma wandern.

Halbinsel Jandía, zw. Morro Jable und Costa Calma

ATLANTISCHER
OZEAN

Lanzarote

Arrecife

Tenerife

Fuerteventura

Santa Cruz

Puerto
del Rosario

Las Palmas

Morro Jable

Gran Canaria

AFRIKA

5 Playa de las Canteras, Gran Canaria

Der Vergleich mit der Copacabana in Rio mag vielleicht zu hoch gegriffen sein. Doch ganz klar ist Canteras der beste Stadtstrand der Kanaren. Neuerdings kommen selbst die Kreuzfahrer hier auf einen Sprung vorbei. Ein vorgelagertes Riff schützt die meiste Zeit des Jahres vor hohem Wellengang, Wellenreiter üben sich am südlichen Ende des 4 km langen Strandes. Auf der genauso langen Uferpromenade wird übrigens auch noch nachts flaniert.

Las Palmas, Paseo de las Canteras

6 Playas de Papagayo, Lanzarote

Bei all der harten Konkurrenz könnte man diese Strandregion fast übersehen – zu Unrecht! Auf Lanzarote jedenfalls sind die Papageienstrände die unbestrittene Nummer eins. Wie an der berühmten Perlenschnur reiht sich gleich ein halbes Dutzend kleiner Buchten aneinander. Schwer zu sagen, welche davon die schönste ist. Am besten alle auf dem verbindenden Küstenpfad abwandern!

Playa Blanca, Anfahrt auf einer 4 km langen, mautpflichtigen Straße

7 Playa de Famara, Lanzarote

Die wie eine Mondsichel geschwungene Bucht an der Westküste der Feuerinsel ist wegen der hohen Brandung kein Badeplatz! Fast schon majestätisch rollen die Wellen an, voll in ihrem Element fühlen sich hier die Cracks unter den Wind- und Kitesurfern. Bei einer Strandwanderung am Fuß des schroff zum Meer abfallenden Famara-Massivs kann man Wellen und Sportler beobachten.

La Caleta de Famara, Carretera LZ-402

8 Playa de los Amadores, Gran Canaria

Wer Gran Canaria noch von früher kennt, wird sich erstaunt die Augen reiben, was nur 2 km nordwestlich vom Jachthafen Puerto Rico entfernt in die Felsenküste gesetzt wurde. Zu den neuen Hotelkomplexen gehört auch ein Retortenstrand. Mit hellem Sand aufgeschüttet und von wie Zangen ins Meer greifenden Molen geschützt, macht die türkisfarbene Bucht durchaus etwas her, auch wenn alles künstlich geschaffen wurde.

Playa de los Amadores, Carretera GC-500

Ferienküste mit Sonnengarantie

Von Bahía Feliz im Osten bis Pasito Blanco im Westen erstreckt sich im Süden Gran Canarias ein fast durchgängig bebauter Küstenstrich, der als „Costa Canaria" *vermarktet wird. Weiter westlich schließt sich die Costa Mogán mit den Hauptorten Puerto Rico und Puerto de Mogán an.*

❶ Agüimes

Im Jahr 1486 gegründet, ist der von der Südküste aus schnell erreichbare Ort im südöstlichen Hinterland eine der ältesten Siedlungen Gran Canarias. Die hübsch restaurierte Altstadt wird von den Türmen der neoklassizistischen Pfarrkirche San Sebastián überragt, im ländlich geprägten Umland reifen Wein und Oliven.

MUSEUM
Im ehemaligen Bischofspalast erzählt das **Museo de Historia** von dem einst entbehrungsreichen Leben der Bauern. Eine Abteilung widmet sich dem früher in der Region verbreiteten Glauben an die Hexerei (Calle Juan Alvarado y Saz 42, Di.–So. 9.00–17.00 Uhr).

HOTEL
In der € € **Casa de los Camellos** in der historischen Altstadt befand sich einst eine Kamelstation. Das kleine Landhotel mit zwölf Zimmern wird von einer Hotelfachschule betrieben (Calle El Progreso 12, Tel. 928 78 50 03, www.hecansa.com).

Tipp

Hart am Wind

Seit mehr als 30 Jahren bietet die deutsche **Segelschule Overschmidt** ganzjährig Grundkurse an. Ein dreitägiger Schnupperkurs kostet 140 €. Wer will, kann in einem kombinierten Intensivkurs auch den international anerkannten Sportbootführerschein Binnen, Segel & Motor machen. Voraussetzung dazu sind der Führerschein sowie ein ärztliches Attest zu Seh- und Hörfähigkeit. Segelstation für Jollenkurse und Bootsverkehr ist Puerto Rico, für Jachtkurse Puerto de Mogán.

INFORMATION
Tel. 928 56 52 92,
www.segelschule-grancanaria.de

RESTAURANT
Am südlichen Ortsrand bietet € € **Señorío de Agüimes** typisch kanarische Küche (Calle Juan Ramón Jiménez 1, Tel. 928 78 97 66).

UMGEBUNG
Im **Barranco de Guayadeque** nordwestlich von Agüimes gruben die Ureinwohner etliche Höhlen in den weichen Tuff und richteten sich darin häuslich ein, manche der Wohnhöhlen sind noch heute bewohnt. Es gibt ein kleines Höhlenmuseum und eine Höhlenkapelle. Ein viel besuchtes Ausflugsziel ist das Höhlenrestaurant Tagoror am Ende der Stichstraße. Südlich von San Bartolomé de Tirajana überrascht die Palmenoase **Fataga** mit einem heimeligen kleinen Ortskern.

❷ San Agustín

Am Strand von San Agustín begann vor 50 Jahren die touristische Erschließung des Südens. Viel Atmosphäre darf nicht erwartet werden, doch im Vergleich zum großen Nachbarn Playa del Inglés wohnt es sich hier ruhiger. Hauptstrand ist die knapp 1 km lange Playa de San Agustín mit einer Promenade zum Flanieren.

HOTEL
Direkt am Strand liegt das gepflegte Vier-Sterne-Hotel € € € **San Agustín Beach Club**. Mit lediglich 57 Zimmern, wahlweise mit Meer- oder Gartenblick, ist es von überschaubarer Größe (Plaza de los Cocoteros, Tel. 928 77 16 40, www. sanagustinbeachclub.com).

RESTAURANT
An der benachbarten Playa del Águila wird im € € / € € € **Bamira** interessante Fusion-Küche mit Aroma-Anleihen aus der ganzen Welt geboten (Playa del Águila, Calle Los Pinos 11, Tel. 928 76 76 66).

❸ Playa del Inglés

Der Badeort steht vielfach synonym für Massentourismus und ist angesichts der ausufernden Hotellandschaft für so manchen darauf

Iglesia de San Sebastián in Agüimes (oben); heimelige Bar im Höhlenlokal Tagoror, Barranco de Guayadeque (unten)

nicht eingestellten Gast ein Alptraum. Andere fühlen sich in Playa del Inglés bestens aufgehoben. Ein Superstrand liegt vor der Haustür, dazu gibt es vielfältige Freizeitangebote zu Lande und zu Wasser, Pistengänger wissen das quirlige Nachtleben zu schätzen.

STRAND
Die **Playa del Inglés** TOPZIEL gehört zu den besten Strandrevieren der Kanaren.

HOTELS
Von der Lage her überzeugt das € € € **Hotel Riu Palace Maspalomas** direkt an den Dünen (Avenida Tirajana s/n, Tel. 928 76 95 00, www.

riu.com). Das € € € € **Bohemia Suites & Spa** ist ein schickes Designerhotel mit iMac auf dem Zimmer, Panorama-Lounge im achten Stock und Wellness auf thailändisch (Avenida Estados Unidos 28, Tel. 928 56 34 00, www.bohemia-grancanaria.com).

RESTAURANTS

Einen exotischen Fixpunkt setzt die indonesische Küche im € € **Bali**, wer das Besondere mag, wählt die Reistafel (Calle Mar Mediterraneo 2 (Meloneras), Tel. 928 14 33 74). Für ausgefallene Menüzusammenstellungen ist € € € € **El Mundo** bekannt (Avenida Tirajana, Apartamentos Tenesor, Tel. 928 93 78 50).

EINKAUFEN

Der staatlich betriebene **Fedac-Laden** neben der Touristeninformation ist die beste Adresse für kanarisches Kunsthandwerk. Jeder Artikel ist mit einem Herkunftsnachweis versehen, der garantiert, dass er tatsächlich auch auf der Insel hergestellt worden ist (Centro Insular de Turismo, Avenida de España/Ecke Avenida de los Estados Unidos).

AUSGEHEN

Dutzende Clubs, Discos und Bars machen Playa del Inglés zum Eldorado für Nachtschwärmer. Die Partymeile konzentriert sich in

---

Tipp

Bootstrip

Vom Wasser aus zeigt sich die Südküste mit ihren in die Steilküste eingelassenen Badebuchten und in die Hänge gebauten Ferienorten in ihrer ganzen Größe. Relativ preisgünstig ist ein Ausflug mit dem Linienschiff der **Lineas Salmón**. Die Boote befahren die Strecke von Arguineguín nach Puerto de Mogán ganzjährig im Stundentakt. Auf halbem Weg bietet sich in Puerto Rico ein Stopp an. Wer will, kann von dort mit dem nächsten Boot weiterfahren.

INFORMATION
Tel. 649 92 59 18,
www.lineassalmon.com

---

den Einkaufszentren **Kasbah** und **Plaza**. Die Gay-Szene trifft sich in einer der vielen Lokalitäten im **Yumbo Center**.

INFORMATION
Centro Insular de Turismo, Yumbo Center, Tel. 928 77 15 50, www.grancanaria.com

④ Maspalomas/Meloneras

Zusammen mit Playa del Inglés und der erst vor wenigen Jahren ausgebauten Urbanisation Meloneras ist Maspalomas das touristische Zentrum der Costa Canaria. Im Hinterland machen sich die Apartment- und Bungalowsiedlungen Campo Internacional und Sonnenland breit. Die beiden Hauptattraktionen sind eine unmittelbar an die Ferienstadt angrenzende Dünenlandschaft und etwas landeinwärts ein großer Freizeitpark. Golfer wissen die nahe gelegenen Golfplätze zu schätzen.

SEHENSWERT

In den als Naturreservat ausgewiesenen **Dünen von Maspalomas** TOPZIEL türmen sich bis zu 30 m hohe Dünenkämme auf. Einen eindrucksvollen Blick auf die goldgelbe Sandlandschaft genießt man von der Aussichtsterrasse des Hotels Riu Palace in Playa del Inglés. Dort gibt es auch ein kleines Besucherzentrum, das über das sensible Ökosystem informiert. Die westlich an die Dünen grenzende Charca de Maspalomas, eine natürliche Brackwasserlagune, war einst ein bedeutender Rast- und Futterplatz für Vögel. Durch die touristische Erschließung sind viele Vögel abgewandert. Erst seit sich in der Schutzzone ein Schilfgürtel auszubreiten beginnt, können wieder Reiher und andere Wasservögel beobachtet werden.

ERLEBEN

Der **Palmitos Park** TOPZIEL, Gran Canarias mit Abstand bester Freizeitpark, überzeugt als ein gelungener Mix aus Zoo und botanischem Garten. Die Stars sind die Delfine, die in einer Arena mit Platz für 1500 Personen zweimal täglich (13.00 und 16.00 Uhr) ihr Können zeigen. Weitere Tiershows gibt es mit Papageien und Raubvögeln, dazu kann man exotische Fische sowie Orang-Utans, Kängurus und andere Säugetiere beobachten. Einziges Manko ist der stattliche Eintrittspreis von 30 € (Kinder 22 €; tgl. 10.00–18.00 Uhr, www.palmitospark.es). Im Vergnügungspark **Holiday World** sind Riesenrad, Achterbahn und ein Bowling-Center die Hauptattraktionen (tgl. 17.30–23.00 Uhr, Avenida del Operador Tui, www.holidayworld-maspalomas.es).

STRÄNDE

Die **Playa del Faro** westlich vom Leuchtturm ist immer gut besucht. Auf der Uferpromenade gelangt man von dort zur etwa 20 Gehminuten entfernten **Playa de las Mujeres**, einem etwa 500 m langen, künstlich aufgeschütteten Sandstrand.

Mit Schwung ins kühle Blau: Für Erfrischung sorgt ein Sprung ins Hafenbecken von Puerto de Mogán.

HOTELS

In Meloneras verteilen sich in dem weitläufigen Gebäudekomplex € € € € **Villa del Conde** mehr als 560 elegant gestaltete Zimmer und Suiten. Zum Resort gehört ein Thalassotherapie-Zentrum (Mar Mediterráneo 7, Tel. 928 56 32 00, www.lopesan.com). Mit rund 1100 Zimmern ist das benachbarte Vier-Sterne-Hotel € € € **Lopesan Costa Meloneras** einer der größten Hotelkomplexe der Insel. Nicht nur die Suiten, auch die Standardzimmer sind großzügig geschnitten, das Spa bietet eine breite Palette von Wohlfühleinheiten, die Poollandschaft ist außergewöhnlich gelungen. Abstriche müssen lediglich beim gastronomischen Angebot gemacht werden (www.lopesan.com, Mar Mediterráneo 1, Tel. 928 12 81 00). Ein Klassiker unweit vom Leuchtturm Maspalomas ist das € € € € **Palm Beach**, das mit seinem gekonnten Retro-Look vergessen macht, dass man sich in einem Haus aus den 1970er-Jahren befindet (Avenida del Oasis, Tel. 928 72 10 32, www.hotel-palm-beach.com).

⑤ Puerto Rico

Von der See aus wirkt die terrassenförmig in den Hang gebaute Hotelstadt mit 30 000 Gästebetten imposant, aus der Nähe betrachtet sehen die größtenteils in den 1970ern entstandenen Apartmentanlagen ziemlich nüchtern aus. Neu und modern gibt sich dagegen die westlich von Puerto Rico hochgezogene Urbanisation Playa Amadores. Puerto Rico hat sich als Wassersportzentrum einen Namen gemacht.

HOTEL

Das € € € / € € € € **Gloria Palace Amadores** lehnt sich aussichtsreich an den Hang, mit einem Panoramalift kommt man zur Strandpromenade hinab. Breites Wellnessangebot, u. a. Thalassotherapie (La Palma 2, Tel. 928 12 85 05, www.gloriapalaceth.com).

RESTAURANT

Im € € € **Amadores Beach Club** werden in toller Lage über dem Strand feine Speisen von mediterran bis asiatisch gereicht (Playa Amadores, Tel. 928 56 00 56).

STRÄNDE

Die künstlich aufgeschüttete **Playa de Puerto Rico** ist schon lange zu klein, um alle Gäste aufzunehmen, für Entlastung sorgt die durch einen Promenadenweg verbundene, 2 km entfernte **Playa de los Amadores**.

INFORMATION

Oficina de Información Turística, Avenida Mogán s/n, Tel. 928 15 88 04, http://turismo.mogan.es

⑥ Puerto de Mogán

Der Hafenort an der Mündung des gleichnamigen Barrancos ist das westlichste Glied der Badeorte im Süden. Am Jachthafen entstand in den 1980er-Jahren ein ans Wasser gebauter architektonisch gelungener Ferienkomplex. In der „Klein-Venedig" genannten Siedlung spannen sich Brücken über Kanäle, etliche Lokale laden zur Einkehr. Puerto de Mogán ist ein guter Ausgangspunkt für Exkursionen an die Westküste.

HOTELS

Das Vorzeigehotel € € € / € € € € **Cordial Mogán Playa** liegt in der zweiten Reihe hinterm Strand in den Talgrund eingebettet; stilvolle Architektur, großer Garten (Tel. 928 72 41 00, www.cordialcanarias.com). In Sachen Lage überzeugt das € € / € € € € **Hotel Puerto de Mogán** direkt am Jachthafen, mit Sonnenterrasse auf dem Dach und Tauchschule im Haus (Tel. 928 56 50 66, www.hotelpuertodemogan. com). Im alten Ortsteil gibt es für preisbewusste Individualreisende etliche sehr einfache Pensionen, eine der besten davon ist € **Lumy** (Lomo Quiebre 20, Tel. 928 56 53 18, www.pensionlumy.es).

RESTAURANTS

Eine gute Adresse ist das Strandlokal € € **Tu Casa** (Avenida de las Artes, Tel. 928 56 50 78). Mit Blick aufs Wasser genießt man mediterran inspirierte Küche. Gehobene Fischküche serviert das Abendlokal € € € **La Caracola** (Puerto, Tel. 928 56 54 86, Reservierung erforderlich). Unmittelbar am Jachthafen gibt es im € **Café de Mogán** leckere Kuchen, Waffeln und Eiscreme.

STRAND

Der einst dunkelkiesige Naturstrand wurde künstlich verlängert, mit hellem Sand aufgeschüttet und von einer Promenade eingefasst. Dennoch kann die **Playa de Mogán** nicht uneingeschränkt empfohlen werden. Eine Mole bietet zwar Schutz vor den heranrollenden Wellen, verhindert allerdings den Zustrom von ausreichend Frischwasser.

BOOTSAUSFLÜGE

Vom Hafen legen Ausflugsboote zu Fahrten entlang der Westküste ab, lizenzierte Bootsbetreiber bieten Whale-Watching-Touren an. Wer will, kann im U-Boot Yellow Submarine sogar abtauchen.

Genießen   Erleben   Erfahren

Vom Dünenstrand ins Seenland

Mit Mountainbike und Rennrad ab durch die Berge: Natürlich spricht nichts dagegen, im Flieger das eigene Rad mitzunehmen und Gran Canaria individuell zu entdecken. Wer jedoch ein Rundumpaket bevorzugt, wird auch vor Ort vom Team der Bikestation Free Motion bestens bedient.

Im größten Radsportzentrum Gran Canarias stehen rund 400 Bikes zum Verleih, Rennräder und Mountainbikes sowie einfachere Tourenräder und sogar E-Bikes. Das Material ist gut gewartet und nicht älter als ein Jahr. Zudem offeriert die Bikestation geführte Tagestouren von einfach bis anspruchsvoll und sogar Rennradwochen und MTB-Camps. Die Guides sprechen deutsch und unterstützen weniger routinierte Biker mit Tipps zur Fahrtechnik. Bei den MTB-Touren steht meist der genussvolle Downhill im Vordergrund, ein Shuttle-Service ins Bergland erspart dabei viele Höhenmeter.

Fahrer mit guter Kondition buchen die 94 km lange Rennradtour ins Herz der Insel. Von den Dünen in Maspalomas führt die Strecke durch den Barranco de Arguineguín nach Soria, dann zum Tauropass. Erholsam ist die Uferstraße am Stausee Las Niñas, bis der Anstieg nach Ayacata letzte Reserven mobilisiert. Von der Bar Candelilla auf 1260 Metern geht es dann viel bergab.

Weitere Informationen
Bikestation
Das Radsportzentrum Free Motion in Playa del Inglés hat ganzjährig geöffnet (Hotel Sandy Beach Local 9, Avenida Alfereces Provisionales s/n, Tel. 928 777479, **www.free-motion.net**). Weitere Standorte in Meloneras im C.C. Oasis Beach und in Puerto de Mogán im Hotel Cordial Mogán Playa.
Hauptsaison ist von November bis April, reizvoll ist der Februar zur Zeit der Mandelblüte.

Fahrradfreunde unter sich: Im Bike-Zentrum Free Motion kann man sich mit Gleichgesinnten über die geplanten Routen unterhalten.

Sand, Sonne und Wind

Nirgendwo auf den Kanaren gibt es mehr Strände als auf Fuerteventura. Da mag es verwundern, dass die flächenmäßig zweitgrößte Insel des Archipels relativ spät von Strandläufern erobert wurde. Doch Traumstrände kann man nun mal nicht verstecken. Die Touristikplaner haben Versäumtes schnell nachgeholt – zu schnell, wie kritische Stimmen meinen. Es gibt aber noch immer viel Platz.

Mit dem richtigen Trainer machen auch Trockenübungen Spaß – erst recht hier am Traumstrand bei Corralejo.

So in etwa stellt man sich doch einen perfekten Urlaub vor: Morgens beim Wellenreiten die Blicke der Strandnixen auf sich ziehen und sich dann tagsüber für den Abend locker machen …
Diese Seite und rechte Seite unten: Strandleben in Corralejo, dem neben Morro Jable/Jandía zweiten großen Touristenzentrum der Insel.
Rechte Seite oben: Nur 6 km² groß ist die in der Bocaina – einer etwa 30 Meter tiefen, von starken Strömungen geprägten Meerenge zwischen Fuerteventura und Lanzarote – gelegene Insel Lobos, hier mit einem Blick von der Playa las Conchas auf den sich 127 m hoch erhebenden Inselvulkan.

Man stelle sich Fuerteventuras Süden zu Beginn der 1960er-Jahre vor. Die Teerstraße endete damals in Gran Tarajal, von dort ging es auf einer nur im Jeep befahrbaren holprigen Wellblechpiste weiter. Am Eingang von Jandía sperrte ein quer über diese Halbinsel gezogener Stacheldrahtzaun das Land ab. Ein Wachposten kontrollierte die Zufahrt. Das 30 Kilometer lange und bis zu zehn Kilometer breite Gebiet gehörte dem deutschen Ingenieur Gustav Winter, der bereits vor dem Zweiten Weltkrieg nach Fuerteventura gekommen war und bei Cofete auf der Nordseite von Jandía eine geheimnisumwitterte Villa gebaut hatte. Die Halbinsel war fast menschenleer, einzig in Morro Jable und Cofete gab es ein paar Fischerkaten. Die wenigen Menschen dort lebten ohne fließendes Wasser und elektrischen Strom.

Die Entdeckung von Jandía

Im Jahr 1966 kam dann Bewegung auf die Insel. Der schwäbische Luftfahrtpionier Rul Bückle eröffnete auf einer von Gustav Winter überlassenen Parzelle Land direkt an der bis dato völlig unverbauten Playa del Matorral das Hotel Casa Atlántica. Es hatte zunächst zwölf Betten und einen winzigen Pool, wurde aber bald auf 48 Betten erweitert. Die ersten Feriengäste brachte Bückle mit seiner Fluggesellschaft Südflug International nach Fuerteventura: In den 1960er-Jahren war diese Fluggesellschaft nach der Condor Deutschlands zweitgrößter Charterflieger, Bückle kurbelte mit ihr wesentlich die touristische Entwicklung auf den Kanarischen Inseln an. Verglichen mit den bereits boomenden Nachbarinseln hielt sich das Gästeaufkommen auf Fuerteventura zunächst allerdings in engen Grenzen.

Eine steile touristische Karriere

Seither hat sich einiges getan. Wie auf der Halbinsel Jandía entstanden auch an den Dünenstränden im Norden und in der Badebucht El Castillo neue Ferien-

Der Leuchtturm Faro de el Tostón markiert die
Nordwestspitze Fuerteventuras.

Am südlichen Ortsausgang von Tefía findet
man das Ecomuseo de la Alcogida, ...

Vom idyllischen Fischerort über den Geheimtipp für Strandläufer und Brandungssurfer zur Ferienstadt: El Cotillo mit dem Torre El Tostón,
einem im 18. Jahrhundert errichteten Wachtturm aus Lavagestein

... ein Freilichtmuseum aus im traditionellen kanarischen Stil errichteten Bauernhöfen.

Erwartungsfroh: unterwegs mit der Fähre von Corralejo zur Isla de Lobos

„Eine Wüste ist dieser erhabene und geliebte, weltabgeschiedene Erdenfleck Fuerteventura – eine der Inseln, die man einst die Glückseligen nannte … Ein nacktes, skeletthaftes, karges Land aus nichts als Knochen, ein Land, das eine müde gewordene Seele zu stählen vermag."

Miguel de Unamuno

städte. Die Zahl der Gästeankünfte stieg bald auf über eine Million pro Jahr. Neben vielen deutschen Gästen kommen nun auch zahlreiche Engländer, Holländer und Skandinavier auf die Insel. Eine bestens ausgebaute Schnellstraße von Nord nach Süd verbindet die Ferienzentren miteinander. Auch die einst halb verlassenen Dörfer im Inselinneren füllten sich mit neuem Leben. Anstelle von verfallenen Häusern sieht man jetzt restaurierte Anwesen und viel Neues.

Verantwortlich für diesen alles in allem positiven Umschwung ist einzig und allein der Tourismus. Das darf man ruhig einmal so feststellen, auch wenn an den Stränden die gleichen Fehler gemacht wurden wie andernorts auch. Den gesichtslosen Ferienstädten ohne gewachsene Strukturen mangelt es vor allem an Atmosphäre, einen Architekturpreis werden die teils schnörkellos in den Sand gesetzten Urbanisationen von Corralejo, Caleta de Fuste und Costa Calma auch nicht gewinnen. Vielfach dominieren monotone Zweckbauten – erst in jüngster Zeit setzt man mit Themenhotels andere architektonische Akzente.

Vamos a la Playa!

Fuerteventura steht bei den meisten Besuchern für einen unbeschwerten Strandurlaub. Und den kann man hier auch tatsächlich erleben. Imposante 55 Kilometer feinste Sandstrände säumen die Küste, selbst in der Hauptsaison ist genügend Platz für alle – vorausgesetzt, man sucht sich nicht den Strand vor einer dicht bebauten Hotelzone aus. Neben hellen Sandstränden gibt es noch kleinere dunkle Lavastrände.

Hohe Wellen, raue See

Das Schwimmen kann aber nicht uneingeschränkt empfohlen werden. Der Atlantik ist keine Badewanne und sollte nicht mit dem vergleichsweise zahmen Mittelmeer verwechselt werden. Vor allem an der Westküste gebärdet sich die See ausgesprochen rau. Hoher Wellengang, ablandige Winde und starke Unterströmungen sind dort selbst für routinierte Schwimmer und geübte Brandungstaucher nicht ungefährlich.

An der Playa de Sotavento, dem Hauptstrand von Jandía, und den faszinierenden Dünenstränden in Corralejo ist dagegen alles im grünen Bereich. Strandläufer können stundenlang an der Wasserlinie entlangspazieren, je nach Gusto auch nur mit einem Sonnenhut bekleidet. Textilfreies Baden ist auf Fuerteventura selbst an großen Stränden weit verbreitet und gilt fast als normal. An bevorzugt von Einheimischen besuchten Badebuchten aber, etwa an den

Mit seinen kleinen, weißen, übereinandergestaffelten Häuschen bietet Las Playitas, rund 5 km östlich von Gran Tarajal gelegen und einer der schönsten Küstenorte Fuerteventuras, einen reizvollen Kontrast zum dunklen Sandstrand.

Am Hafen von Puerto del Rosario: Mehr als 100 Skulpturen zeitgenössischer Künstler machen die Inselhauptstadt Fuerteventuras auch zu einem lebendigen Freilichtmuseum.

Lava- und Kieselstränden von Ajuy, Giniginámar oder Gran Tarajal, wäre FKK ein Affront.

Willkommen im Club

Man erkennt sie sogleich am farbigen Armbändchen, mit dem sich All-inclusive-Gäste von anderen Urlaubern unterscheiden. Auf Fuerteventura sind sie zahlreicher als auf den Nachbarinseln. Warum gerade der touristische Spätzünder Fuerteventura das wichtigste All-inclusive-Ziel der Kanaren geworden ist, vermag heute niemand zu sagen. Rund 80 große Hotels bieten auf der Insel diese vor allem bei preisbewussten Urlaubern beliebte Ferienart an. Bei den meisten davon ist die Übernachtung nur mit Frühstück oder Halbpension gar nicht mehr möglich. Den Anfang machte der Robinson Club, der 1970 – als sein erstes Feriendorf überhaupt – am Strand von Jandía eine Bungalowanlage eröffnete.

Alles inklusive auf Fuerteventura heißt nicht unbedingt nur, dass man rundum mit Speisen und Getränken versorgt ist – oft sind auch Sportangebote eingeschlossen. Außerhalb der Clubanlage brauchen die Gäste praktisch kaum noch Geld auszugeben. Und genau das ist ein Problem. In Jandía mit seinem besonders großen All-inclusive-Angebot haben die umliegenden Restaurants und Cafeterias einen schweren Stand. Die Gastro-Szene dünnt mehr und mehr aus, viele Lokale mussten in den letzten Jahren schließen, Supermärkte führen lediglich ein Schmalspursortiment, wie man es von Tankstellen kennt.

Biosphärenreservat ohne viel Grün

Was so manche Einmal-und-nie-wieder-Gäste übersehen: Fuerteventura ist keineswegs nur eine langweilige Wüsteninsel, sondern viel facettenreicher. Nicht zufällig erklärte die UNESCO im Jahr 2009 die flächenmäßig zweitgrößte Kanareninsel zu einem Biosphärenreservat. Ausschlaggebend dafür war das vielfältige Ökosystem. Dazu gehören semiaride Trockengebiete und die Dünen

Wer will noch mal, wer hat noch nicht? Kamelreiten gehört auch in die Bucht von Caleta de Fuste zu den touristischen Vergnügungen.

Weiße Häuschen zwischen Palmen: Die alte Inselhauptstadt Betancuria liegt inmitten eines fruchtbaren, von hohen Bergen umgebenen Tals. Benannt wurde sie nach dem normannischen Edelmann Jean de Béthencourt, der Fuerteventura im Auftrag des kastilischen Königs Heinrich III. eroberte.

Am nördlichen Ortsausgang von Betancuria stößt man auf die Kirchenruine eines San Buenaventura geweihten ehemaligen Franziskanerklosters. Bei einem Piratenangriff im Jahr 1593 wurde das Ensemble schwer beschädigt, später restauriert und nach der Säkularisation als Steinbruch genutzt.

Eingang zum stilvollen, aber teuren Restaurant in der Casa Santa Maria, einem liebevoll restaurierten Herrenhaus aus dem 16. Jahrhundert. Auch ein kleines Museum gibt es hier, ...

... in dem man verschiedenen Kunsthandwerkern, etwa einem Weber, zusehen kann.

Special

Montaña Tindaya

Fuerteventuras heiliger Berg

Kaum ein anderer Berg auf den Kanaren löste jüngst ein so großes Medienecho aus wie die Montaña Tindaya: Sie soll nämlich in einen Ort der Kunst verwandelt werden.
Der knapp 400 Meter hohe Trachytstock im Norden ragt aus der Ebene auf und bietet Gipfelstürmern einen tollen Blick. Die Aussicht wussten wohl schon die Altkanarier zu schätzen, die direkt am Gipfel Spuren in Form von Felsgravuren hinterließen.

Anfang der 1990er-Jahre kam der baskische Bildhauer Eduardo Chillida auf die Idee, den Berg auszuhöhlen. Der renommierte Künstler, von dem eine Skulptur den Vorplatz des Bundeskanzleramts in Berlin ziert, wollte in dem Berg ein Museum der Leere schaffen, das durch Schächte mit Sonne und Mond in Verbindung steht. Umweltschützer liefen Sturm gegen das Projekt; sie fürchteten zugleich die Entweihung des von den Ureinwohnern verehrten, als Naturdenkmal ge-

Durch die Blume gesehen: der heilige Berg

schützten Berges. Nach dem Tod des Bildhauers 2002 schien sein Projekt gestorben zu sein. Doch die Diskussion geht weiter. Die Inselregierung sieht darin eine Chance, die an ungewöhnlichen Attraktionen eher arme Insel bekannter zu machen. Etliche Millionen flossen in Machbarkeitsstudien. 2010 wurde dem Vorhaben bescheinigt, dass die Pläne jedenfalls aus technischer Sicht umsetzbar sind. Protestiert wird immer noch.

von Corralejo mit ihrer hoch spezialisierten Pflanzenwelt genauso wie die Salzmarschen von Jandía und die von Walen, Delfinen und Meeresschildkröten bewohnte maritime Zone rund um die Insel. Vulkankrater und ausgedehnte Lavafelder zeugen vom vulkanischen Erbe. Mit der Aufnahme in die Biosphärenliste sind die Weichen für eine nachhaltige Entwicklung der Ferieninsel gestellt. Nun heißt es verstärkt, die unterschiedlichen Interessen der expandierenden Tourismusbranche und des Umweltschutzes unter einen Hut zu bringen. Einfach wird das sicher nicht.

Neue Trends jenseits des Strands
Strandlaufen, Schwimmen, Tauchen, Surfen und Wellenreiten sind nicht mehr das Einzige, was man auf Fuerteventura machen kann. Mittlerweile haben auch andere Aktive die Insel entdeckt. Viele Wanderer sind von der herben Schönheit begeistert. Schattige Waldpfade dürfen allerdings nicht erwartet werden. Ausnahme ist ein Kiefernwäldchen südlich von Betancuria, das angesichts der ansonsten vielerorts staubtrockenen Insel fast schon als Sensation gehandelt werden kann. Praktischerweise gibt es just dort einen lauschigen Picknickplatz. Die meisten Pfade führen allerdings durch eine baumlose

Das Gebiet rund um den – im 18. Jahrhundert vielfach Piratenangriffen ausgesetzten – Ort Tuineje ist relativ fruchtbar und wird intensiv landwirtschaftlich genutzt.

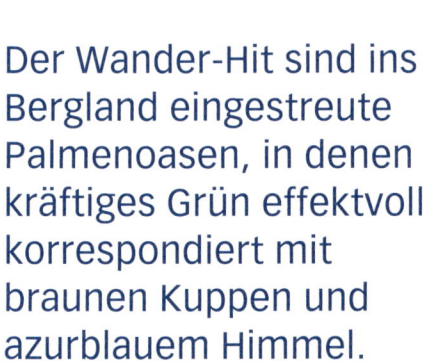

Ideale Bedingungen für ihren Sport finden Kitesurfer an der …

… Playa Barca, wohl dem schönsten Teilabschnitt der sich von Costa Calma aus gen Südwesten erstreckenden Playa de Sotavento.

Der Wander-Hit sind ins Bergland eingestreute Palmenoasen, in denen kräftiges Grün effektvoll korrespondiert mit braunen Kuppen und azurblauem Himmel.

Landschaft. Doch die teils wellenartig erodierten Hügelketten mit changierenden Erdfarben von braun bis ocker verleihen der Insel einen spröden Charme, der durchaus fasziniert und so manche Wanderung zum Erlebnis werden lässt.

Ein paar weitere grüne Flecken gibt es schließlich doch noch. Der Wander-Hit sind ins Bergland eingestreute Palmenoasen, in denen kräftiges Grün effektvoll korrespondiert mit braunen Kuppen und azurblauem Himmel. Seinem Namen alle Ehre macht das Bergdorf Vega de Río Palmas, auch die idyllisch in ein Hochtal platzierte alte Hauptstadt Betancuria kann mit einer stattlichen Anzahl von Dattelpalmen aufwarten. Neben Wanderern entdecken neuerdings auch viele Biker die Insel. Vor allem im Norden wurden parallel zu den Landstraßen neue Radwege angelegt. Eine populäre, mitunter recht ruppige Offroad-Strecke führt von Corralejo an der ausgefransten Nordküste in das 25 Kilometer entfernte El Cotillo. Nach der Holperpiste kann man in einem Lokal am alten Hafen auftanken und vor der etwas nervigen Rückfahrt die Wasservorräte auffrischen.

Kunst in der Wüste?
Ausgerechnet die als kulturlos verschriene Hauptstadt Puerto del Rosario macht neuerdings als Kunstmetropole

von sich reden. Mit dem ersten internationalen Bildhauersymposium im Jahr 2001 entstand ein Skulpturenpark, der seither Zug um Zug erweitert wurde. Mittlerweile sind mehr als 100 über die ganze Innenstadt verteilte Skulpturen und Plastiken installiert: etwa zwei am Straßenrand weidende Bronze-Ziegen oder die vier Aluminium-Meeresschnecken an der Hafenpromenade. Eine Reminiszenz an vergangene Zeiten ist der lebensgroße Wasserträger von Emiliano Hernández – bis weit ins 20. Jahrhundert hinein trugen Wasserträger auf ihren Schultern in großen Kanistern das kostbare Nass durch die Straßen.

Neben kanarischen Künstlern stellen auch namhafte Bildhauer aus dem Ausland aus, zum Beispiel der in Frankreich lebende Rumäne Nicolae Fleissig, der ganz seinem Namen entsprechend mit gleich zehn Werken in den Straßen von Puerto del Rosario vertreten ist. Damit nicht genug: In der neuen Kunsthalle, ursprünglich ein Kinosaal, werden neben dem Lebenswerk des surrealistischen Malers Juan Ismael Wechselausstellungen gezeigt.

Im Inselnorden ist die Casa Mané bereits seit Jahren ein interessantes Forum für moderne Kunst, zu dem auch eine interessante Mischung aus Skulpturen- und Kaktusgarten gehört.

Am Strand von Morro Jable auf der Halbinsel Jandía, deren wüstenhaftes Gelände den spanischen Eroberern für eine Besiedlung ungeeignet erschien, lässt es sich gut spazieren gehen. Erst um das Jahr 1900 siedelten sich hier einige Fischerfamilien an.

Schöner wohnen
in Morro Jable

Beachvolleyball am Strand
von Morro Jable

Noch in den 1960er-Jahren lebten nicht einmal 200 Menschen in Morro Jable – heute sind es etwa 4000 im Doppelort Morro Jable/Jandía. Auch die Touristenzahlen steigen erst seit den 1970er-Jahren deutlich an.

Die Insel vor der Insel

Auf der Isla de Lobos stellten die spanischen Eroberer so lange den Mönchsrobben nach, bis es keine mehr gab. Piraten nutzten das unbewohnte Eiland als Unterschlupf, Schmuggler deponierten hier ihre heiße Ware. Das alles ist Geschichte! Heute ist die komplett als Naturpark ausgewiesene Insel in der Meerenge zwischen Fuerteventura und Lanzarote ein beliebtes Tagesausflugsziel. Von Corralejo setzen mehrmals täglich Boote zu dem nur 20 Minuten entfernten kleinen Nachbarn über. An Bord sind vornehmlich Wanderer, Biker und Wellenreiter. Staunend stehen sie an der Reling, schauen auf die golden eingefärbten Dünenstrände von Corralejo zurück und dann gebannt auf das näher kommende Ufer der ehemaligen Robbeninsel.

Spektakulärer Blick

Auf den ersten Blick wirkt Lobos ziemlich monoton. Doch das ändert sich, sobald man die ersten Schritte unterwegs ist. Die gerade mal viereinhalb Quadratkilometer große Insel lässt sich in gut drei Stunden umrunden. Straßen gibt es nicht, aber bequeme Wege und ausgetretene Pfade durch Salzmarschen und an „hornitos" genannten kleinen Vulkankegeln entlang. Viel besucht ist der Leuchtturm an der Nordspitze, von dem sich fast zum Greifen nahe die Südküste von Lanzarote zeigt. Noch spektakulärer ist der Dreiinselblick vom Gipfel der Montaña de la Caldera. Der mit 127 Metern höchste Vulkankrater der Insel kann auch von weniger geübten Wanderern bestiegen werden; ein bisschen aus der Puste kommt man dabei allerdings schon. Am Ende des Rundwegs stellt sich dann die Frage, wie die Zeit bis zum Ablegen des Schiffes am besten überbrückt werden kann. Zur Wahl stehen ein Badestopp an der Playa de la Concha oder ein erfrischender Drink in dem urigen Insellokal in El Puertito. Am besten kalkulieren Sie genügend Zeit für beides ein.

Der etwa 14 ha große Parque Natural de Jandía bedeckt fast die ganze Jandía-
Halbinsel. Auffallend in der ansonsten spärlichen Vegetation sind die – hier
in voller Blüte stehenden – endemischen Wolfsmilchgewächse (Euphorbia
canariensis). Der auf den Kanaren verwendete (spanische) Name dieser
Pflanze ist „cardón".

Von Morro Jable (oben) aus führt nur eine ziemlich schlechte Schotterpiste
zur Playa de Cofete (rechts). Sicherer als mit einem Mietwagen ist es den
öffentlichen Allrad-Linienbus in Anspruch zunehmen: nach einer holprigen
Fahrt durch eine wüstenhaft anmutende Landschaft erreicht man schließlich
über zahlreiche Serpentinen die Passhöhe am Roque del Moro. Von dort soll
man den prächtigsten Ausblick im ganzen Inselsüden haben.

Schöner als der Blick auf die Playa de Cofete ist dann höchstens noch
ein Spaziergang an dieser Bucht: mit nackten Füßen im Atlantik …

„… hier verschmelzen Himmel und Erde, hier werden sie eins in der Umarmung des Meeres"

Miguel de Unamuno

WINDMÜHLEN-ROUTE

Auf der Straße der Windmühlen

Kann eine Windmühle weiblich oder männlich sein? Aber ja doch! – Zumindest auf Fuerteventura, das gleich mit beiden „Geschlechtern" aufwartet.

Diese beiden Mühlentypen unterscheiden sich grundlegend in ihrer Bauweise. Der männliche Typ, *molino* genannt, ähnelt mit seiner runden Form ein bisschen der Holländermühle. Diese Mühle wird oben von einer „Mütze" abgeschlossen, die sich mithilfe einer Deichsel bewegen lässt, sodass die Mühlenflügel zur jeweils aktuellen Windrichtung hin orientiert werden können. Die modernere weibliche *molina* hingegen fand vor etwa 150 Jahren von La Palma kommend den Weg nach Fuerteventura. Ihre Flügel sind lediglich an einem Holzturm befestigt, der auf einem aus Bruchsteinen gebauten, meist quadratisch angelegten Raum steht.

Der weibliche Mühlentyp ist auf Fuerteventura deutlich der in Unterzahl, und das obwohl er sich eindeutig durch eine höhere Mahlleistung auszeichnet. Wer beide „Mühlengeschlechter" an einem Platz besichtigen möchte, beginnt seine Tour auf der Mühlenroute idealerweise in Lajares – dort stehen sich eine *molina* und ein *molino* einträchtig gegenüber. Beide sind sie stets ausgesprochen hübsch herausgeputzt – Don Quijote hätte seine wahre Freude daran gehabt.

Mühlengeschichte

Windmühlen gibt es auf Fuerteventura seit dem Ende des 18. Jahrhunderts. Nach dem Niedergang der Landwirtschaft waren viele dem Verfall preisgegeben, etliche verschwanden sogar ganz von der Bildfläche. Eine Renaissance erleben die Mühlen erst wieder, seit man sie als Touristenattraktion entdeckt hat. Etliche der noch knapp 40 verbliebenen Mühlen wurden seither fachkundig restauriert, manche stehen als Museumsmühlen neugierigen Besuchern offen. Eine davon ist jene in Tiscamanita. Im sorgfältig restaurierten Bruchsteinhaus des Müllers neben der Mühle informiert eine ethnografische Sammlung über die Geschichte des Müllereiwesens auf der Insel Fuerteventura, angefangen von der einfachen Handmühle, wie sie bereits die Ureinwohner benutzten, bis hin zu der mithilfe von Dromedaren angetriebenen Zugmühle, der sogenannten *tahona*. Und natürlich werden auch die Geschlechtermühlen vorgestellt.

In der Mühle von Tiscamanita – es ist übrigens ein *molino* – wird einmal in der Woche für Besucher demonstriert, wie Korn zu Gofio vermahlen wird. Das bevorzugte Getreide für das kanarische Grundnahrungsmittel (siehe S. 32) ist Gerste, aber auch Mais und andere Getreidesorten werden verwendet. Vor dem Mahlen wird das Korn in einem *tostador* über

Eindeutig männlichen Geschlechts ist der runde *molino* bei Antigua (oben) an der die Orte Tiscamanita, Tefía, Antigua und La Oliva verbindenden „Ruta de los Molinos", während die Molina de Tefía (unten) das weibliche Pendant verkörpert.

Durch das Rösten vor dem Mahlvorgang entsteht das typische Aroma von Gofio.

Don Quijote, der Ritter von der traurigen Gestalt, hätte seine wahre Freude an den Windmühlen von Fuerteventura gehabt.

In einer restaurierten Mühle und im Haus des Müllers in Tiscamanita wurde ein Centro de Interpretación Los Molinos eingerichtet, ein Besucherzentrum, in dem man viel über die Konstruktion und Funktionsweise unterschiedlicher Mühlentypen erfährt (oben).

Fakten & Informationen

. . . .

Stationen an der Mühlenstraße
Museo del Grano La Cilla
La Oliva, Tel. 928 86 87 29

Ecomuseo La Alcogida
Tefía, Tel. 928 17 54 34

Museo Molino de Antigua
Antigua, Tel. 928 87 80 41

Centro de Interpretación Los Molinos
Tiscamanita, Tel. 928 16 42 75

Öffnungszeiten für alle Museen
jeweils Di.–Sa. 10.00–18.00 Uhr

einem Holzfeuer geröstet. Durch diesen Vorgang entfaltet sich der typische Geschmack des Gofio.

Eine Kornkammer der Kanaren

Man mag es kaum glauben, doch die heute wüstenhafte Insel Fuerteventura war über viele Jahrhunderte nach der spanischen Eroberung eine der Kornkammern der Kanaren. In guten Zeiten wurden Überschüsse auf die Nachbarinseln ausgeführt. Ein Zuckerschlecken war die Landarbeit auf Fuerteventura allerdings nie. Blieb in einem Jahr der Winterregen aus – und das kam durchaus öfter vor –, herrschten Not und Hunger. Viele Majoreros sahen dann ihre einzige Chance in der Auswanderung. Das landwirtschaftliche Zentrum Fuerteventuras befand sich einst in Antigua. Von der wichtigen Stellung zeugen noch heute gleich zwei Windmühlen. Jene am nördlichen Ortsausgang ist wie die Mühle in Tiscamanita als Museum zugänglich, ein kleiner botanischer Garten macht Interessierte dort zudem mit der einheimischen Flora bekannt.

Museale Mühlen

Ergänzend zu den Museen in Tiscamanita und Antigua erzählt das Museo del Grano in La Oliva vom Anbau, von der Ernte und der Verwendung der verschiedenen Getreidesorten. Das Kornmuseum befindet sich in der Casa de la Cilla, dem ehemaligen Zehnthaus der Gemeinde.

Ein anschauliches Bild, wie die Menschen früher auf dem Lande gelebt haben, vermittelt das Freilichtmuseum in Tefía. Für das Museumsprojekt wurde hier ein aufgegebener Ortsteil originalgetreu instand gesetzt. Fachkundige Hilfe kam dabei von der Universität Las Palmas, die finanziellen Mittel zum Teil aus dem Strukturfonds der Europäischen Union. In Sichtweite des Freigeländes thront allein auf weiter Flur eine restaurierte männliche Windmühle. Für Mühlenfans ist sie ein ganz besonderes Highlight: Anstatt der vier mit Segeltuch bespannten Flügel, wie sie die anderen Mühlen aufweisen, drehen sich nämlich hier gleich deren sechs im Passatwind.

Auch im Ecomuseo
La Alcogida bei Tefía
bekommt man einen
guten Eindruck von
den traditionellen
kanarischen Lebens-
und Arbeitsformen.

FUERTEVENTURA

Lanzarote

Fuerteventura

Maßstab 1:370.000

0   3   6km

Parque Natural del Islote de Lobe
Parque Natural de Corralejo
Parque Natural de Betancuria
Parque Natural de Jandía

Puerto del Rosario

Península de Jandía

Morro Jable

Betancuria

La Oliva

Antigua

Pájara

Tuineje

Corralejo

Cotillo

Santa Cruz de Tenerife

Las Palmas de Gran Canaria

Arrecife Lanzarote

Caleta Piedra Alta
Casas de Masión
Hacha Grande 560
Los Rostros
Punta Ginés
Urbanización Atlante del Sol
Urbanización Montaña Baja
Caleta Negra
La Capagna
Playa Blanca
Punta Pechiguera
Punta Limones
Punta del Águila
Punta Mujeres
Punta del Papagayo

Parque Natural del Islote de Lobe
Faro de Lobos
Punta Martiño
Lobos 127
Islote de Lob
Casas El Puertito
Roques del Puertit
Playas del Puertit

Playa del Bajo
Playa de la Burra
Punta de la Tiñosa
Bajo de los Picachos
Caleta de Beatriz
Punta Aguda
El Cortijo
de la Costilla
Casas de Majanicho
Corralejo
Bayuyo 265
Playa del Médano
Playa Bajo Negro de Corralejo
Montaña de la Mancha
El Jablito
Playa del Moro
Playita del Poris

Caleta del Barco
Punta de Tostón O de la Ballena
Faro de Tostón
Urbanización Los Lagos
Roque
Lajares
Montaña del Cuervo
Montaña Colorada
Rosa de Combrillo
Montaña Lengua
Casas de Los Apartaderos
Playa de la Cazue

Playa del Algibe de la Cueva
Punta La Barra
Coto de María Díaz
Arena 420
Villaverde
Montaña Negra
Roja 312
Punta Uña de Gato

Playa del Águila
Montañas de la Blanca 308
Casas de Taca
Montaña Negra
Aljibe
Montaña de Escanfraga 529
Montaña de Escanfraga
Playa del Perchel
Playa de los Valdiv

Caleta la Bonanza
Playa de Esquinzo
Montaña Alta
Casa de los Coroneles
Morro de los Rincones
Calderete
Punta Paso Chico
Montaña Tindaya 401
Paso Viejo
Cortijo de Fimapaire
Punta de la Tiñosa
Playita del Charquit

Playa de Tebeto
Montañeta de Darubio
Tindaya
Muda 689
La Matilla
Los Morros 408
El Time
Guisgey
Playa de Lajas
Playa de la Mujer
Playa del Jarubio
Montaña Blanca 258
Temejereque 511
Ermita de las Mercedes
Urbanización Rosa de la Monja
Puerto Lajas
La Juanita

Punta del Salvaje
Casas Los Molinos
Casa del Cordobés 686
Tetir
Casas de los Majadas
La Asomada
Punta del Gavioto

Bahía de las Gaviotas
Colonia García Escámez
Tefia
Ermita de San Augustin
Chuchillos 625
Cortijo de la Sargenta
PUERTO DEL ROSARIO

Caleta del Barro
Salinas 332
Ermita de San Pedro
Tao 444
Montaña de Tesjuates
La Vega de Abajo
Urbanización Los Pozos
Playa Blanca

Parque Natural
Playa del Valle
Casas Montañeta de Tao
La Montaña del Barranco
Casas El Almácion
Casillas del Ángel
Tesjuates 20
Urbanización Llano del Sol

Playa de Santa Inés
Morro Alto 417
Valles
Santa Inés
Casas San Pedro San Pedro
La Ampuyenta
Rosa del Taro 593
Aeropuerto Fuerteventura FUE
Punta Gonzalo
El Matorral

Punta del Junquillo
Degollada del Valle
Llano Negro
Triquivijate
Playa de las Caletilas

de Betancuria
Punta del Tarajalito
Morro Negro 460
Catedral Santa Maria
Casas del Hospital
Caleta de la Camella
Caleta Corcha

Caleta de la Peña Vieja
Betancuria 724
Museo Arqueológico
Morro Janana 674
Antigua
Casas de Escaque
Casa del Frontón 416
Montaña Blanca de Abajo
Castillo de Fustes
Casas de la Guirra
Calilla del Espino

Playa de los Muertos
Ajuy
Puerto de la Peña
Alto de la Potranca
Ermita de Na Sra de la Peña
Ruinas de Convento
Las Pozetas
Ermita de San Francisco 50
Ermita de San Roque
Los Corrales de la Torre
Finca del Vicario

Playa de la Solapa
Mézquez
Vega de Río Palmas
Gran Montaña 708
Agua de Bueyes
Casas de Majada Blanca
Casas de El Cortijo
Ruinas Guanches

Playa de Garcey
Central Termoeléctrica
Mézquez 414
Fenduca 609
Toto
Casillas de Morales 461
Agudo 494
Caleta de la Ballena

Punta del Peñón Blanco
La Matanza
Ruinas Guanches
Vigócho 382
Casas de Abaise 606
Pájara
Virgen de la Regla
Carbón
Tiscamanita
Malpaís Chico
Morro de Leandro
Casas del Saladillo
Playa de Leandro

Playa Amanay
Degollada Cha Cabrera 422
Degollada de Adeje
Cortijo de Adeje
Tuineje
Cortijada de Teguereyle
Malpaís Grande
Rosa de Catalina García
Casas de Ezquén
Casas de Pozo Negro
Playa de los Chopos
Playa del Guincho

Degollada del Viento
Casas de la Florida
Las Casitas
Casilla Blanca
Toricosguay
Cortijada Cañada de la Mata
Teguital
Punta Gorda
Ensenada de Puerto Rico

Playa de Ugán
Teseferague
Cortijo de Diego Alonso
Montaña Hendida Cardón
Montaña Tirba 345
Rosa de los James
Fuente de Bartolo
Casas del Saladillo
Casas de Jacomar

Montaña Aregüia 437
Puerto Nuevo
Corrales de las Hermosas
Casas de Tamaretilla
Casas de Violante
Las Moreras
Vigán 462
Ensenada de Gran Valle

Laja Blanca
Carga del Camello
Morro Negro
El Charco
Las Playas
La Entallada
Playa de los James

Agua Tres Piedras
Granillo 123
Caracol 464
Giniginamar
Gran Tarajal
Peñón del Roque 185
Playa del Pajarito

Parque Natural de Jandía
Urbanización Costa Calma
Tarajalejo
Playa Laja del Corral
Playa Paloma
Giniginamar
Playa de Giniginamar
Piedras Caldas
Playa de Agando

El Jable
La Lajita
Las Playas
Casas de Matas Blancas
Playa Puerto Rico

Playa de Barlovento de Jandía
El Islote
Casas de Agua Melianes
Urbanización Costa Calma
Esmeralda Jandía
Punta de los Molinillos
Urbanización Calma Bahía
Playa de Sotavento de Jandía
Degollada Entre Montañas

Caleta de la Madera
Punta Pesebre
Playa de Cofete
Cofete
El Gorro
Casas de Pecenescal
Casas de Mal Nombre
Casas de Esquinzo
Casas de Gran Valle

Punta de Barlovento
Montaña Aguda 435
Fraile 683
Jandía 807
Casas de Joros

Caserío Puerto de la Luz
Colete (Abandonada)
Casas Cuevas de la Negra
Urban. Marabul
Casas de Butihondo
Playa de Butihondo

Playa de las Pilas Playa de Juan Gómez
Casas del Matorral
Playa del Matorral

Morro Jable
Punta de Matorral (o Morro Jable)

Ein weites Feld

Die flächenmäßig zweitgrößte Kanareninsel hat alles zu bieten, was Strandurlauber sich wünschen: jede Menge Sonne und kilometerlange goldgelbe Sandstrände TOPZIEL, *die zu langen Spaziergängen einladen. Surfer finden hier eines der besten Reviere Europas für ihren Lieblingssport vor.*

❶ Puerto del Rosario

Wer ein Stück kanarische Lebensart kennenlernen will, ist in der Inselhauptstadt mit ihren rund 37 000 Einw. richtig. Und ein bisschen was zum Anschauen und Bummeln gibt es auch.

SEHENSWERT/MUSEEN
Der **Parque Escultórico** ist ein Gemeinschaftswerk von kanarischen und internationalen Bildhauern. Mehr als 100 Skulpturen und Plastiken schmücken Straßen und öffentliche Plätze. Eine Liste mit den wichtigsten Arbeiten ist im Touristenbüro erhältlich und findet sich im Internet unter www.turismo-puertodelrosa rio.org. Im Schatten der Pfarrkirche widmet sich das **Museo Unamuno** dem berühmtesten „Gast" der Insel. Der Philosoph lebte während seiner Verbannung in dem kleinen Haus, das einen Eindruck von der Wohnkultur der 1920er-Jahre vermittelt (Mo.–Fr. 9.00–14.00, Sa. 10.00–13.00 Uhr). Das **Centro de Arte Juan Ismael** hat sich als Ausstellungsforum junger kanarischer Künstler etabliert (Di.–Sa. 10.00 bis 13.30, 17.00–21.00 Uhr).

UMGEBUNG
In **Tefía** (21 km nordwestl.) konnten acht Landhäuser, eine Kapelle und zwei Windmühlen vor dem Verfall gerettet und in ein hübsches Freilichtmuseum verwandelt werden (Ecomuseo de la Alcogida, Di.–Sa. 18.00 Uhr).

INFORMATION
Oficina de Turismo Municipal, Avenida Reyes de España s/n, Tel. 928 85 01 10, www.turismo-puertodelrosario.org

❷ Corralejo

Hervorragende Surfspots und eine lebhafte Clubszene machen das zweitgrößte Ferienzentrum Fuerteventuras zum bevorzugten Ziel des jungen Publikums. Vom Fährhafen aus bieten sich Ausflüge nach Lanzarote und Lobos an, im Ortszentrum laden kleine Badebuchten ein; der feinsandige kilometerlange Superstrand **Grandes Playas** beginnt etwas außerhalb an den beiden Riu-Hotels. Westlich von den Riu-Hotels ist **Flag Beach** eine Top-Adresse für Surfer.

Im Hof der Casa de los Coroneles, La Oliva (oben); Strand und Meer bei El Cotillo (oben rechts), Wasserspaß bei Corralejo (unten rechts)

HOTELS
Hohen Ansprüchen wird das € € € € **Gran Hotel Atlantis Bahía Real** gerecht. Das Fünf-Sterne-Haus gefällt durch seine arabisch inspirierte Architektur, Feinschmecker loben die erlesene Gastronomie (Avenida Grandes Playas, Tel. 928 53 71 53, www.atlantisbahiareal.com). Das € € € **Riu Palace Tres Islas** punktet mit exponierter Alleinlage – Strand und Dünen liegen vor der Haustür (Avenida Grandes Playas, Tel. 928 53 57 00, www.riu.com).

RESTAURANT
Spezialitäten des € € € **El Sombrero** in Hafennähe sind Grillgerichte und das Fondue (Avenida Marítima 17, Tel. 928 86 75 31).

AUSGEHEN
Nightspots konzentrieren sich im alten Ortskern, direkt am Strand liegt der **Waikiki Pub** (Calle Aristides Hernández, Tel. 922 53 59 49).

UMGEBUNG
In **La Oliva** (16 km südl.) informiert die **Casa de los Coroneles** über die Eroberungsgeschichte Fuerteventuras und die Rolle der Militärs, die von dem von Zinnen bewehrten Guts-

hof einst die Insel regierten (Mo.–Sa. 10.00 bis 17.00 Uhr). Auf dem Weg in die alte Hauptstadt lohnt am Ortsrand von Villaverde ein Blick in die **Cueva del Llano**. Die vor etwa 1 Mio. Jahren entstandene, wie ein Tunnel geformte Vulkanröhre ist auf einer Länge von 300 m begehbar, Helm und Stirnlampe werden am Kassenhäuschen gestellt (derzeit wegen Wassereinbruchs geschlossen).

❸ El Cotillo

Das ehemalige Fischernest wappnet sich für den Pauschaltourismus. Aber wer auf eine Promenade zum Flanieren und schicke Boutiquen aus ist, ist hier verkehrt.

SEHENSWERT/MUSEUM
Der auf die Steilküste gesetzte **Torre El Tostón** (1740), ein runder Wehrturm, wurde zum Schutz des kleinen Naturhafens gebaut und kann bestiegen werden, darunter befindet sich das Büro der Touristeninformation. Im

Leuchtturm an der Punta Tostón werden im **Museo de la Pesca Tradicional** Exponate zum Fischfang gezeigt (Di.–Sa. 10.00–18.00 Uhr). Von der Aussichtsplattform des Leuchtturms lassen sich die Nordwestspitze Fuerteventuras und die Südküste von Lanzarote überblicken, ein am Turm beginnender Lehrpfad macht mit den kleinen Buchten in der Nähe bekannt.

HOTEL

Am Ortsrand werden von € / € € **Apartamentos Juan Benitez** Apartments zu recht günstigen Preisen vermietet (La Caleta 10, Tel. 928 53 85 03, www.apartamentosjbenitez.com).

RESTAURANTS

Am schönsten sitzt es sich in einem der einfachen Fischlokale am alten Hafen. Mit einer aussichtsreichen Dachterrasse glänzt € / € € **La Vaca Azul** (Tel. 928 53 86 85), eine Terrasse mit Hafenblick hat auch € / € € **La Capitana** (Tel. 928 53 87 31).

STRÄNDE

Völlig unverbaut ist die 1 km lange, feinsandige **Playa del Castillo** südlich vom Torre El Tostón. Die ungestüme Brandung macht sie zu einem bevorzugten Revier von Wellenreitern. Zum Baden besser geeignet sind allerdings die **Caletillas** an der Straße zum Leuchtturm, kleine von der Lavaküste ausgesparte sandige Buchten.

Tipp

Mirador Velosa

Aussichtsplätze gibt es im Bergland von Fuerteventura viele. Der vielleicht spektakulärste davon liegt nördlich der alten Hauptstadt ④ Betancuria auf 675 m Höhe. Man erreicht den Mirador auf einer von der kühn angelegten Passstraße (FV-30) abzweigenden Stichstraße. Genau an der richtigen Stelle steht ein Panoramalokal (Mo. Ruhetag), von dessen Terrasse man zum Leuchtturm von El Cotillo an der Nordwestküste schauen kann. Dahinter lassen sich schemenhaft die Umrisse von Lanzarote ausmachen.

Freizeitgestaltung: die Playa Barca genießen (oben), Animation bei Gran Tarajal (oben rechts), Caleta Negra bei Ajuy (unten rechts)

INFORMATION

Oficina de Turismo, Torre El Tostón, Tel. 902 50 72 50

④ Betancuria

Das Landstädtchen wurde 1405 von dem in Diensten der Spanischen Krone stehenden normannischen Eroberer Jean de Béthencourt gegründet, bis 1835 war es die offizielle Inselhauptstadt. Mit seinem kolonialen Ortsbild ist Betancuria abseits der Strände das beliebteste Ausflugsziel Fuerteventuras.

SEHENSWERT

Die **Iglesia Santa Maria** gilt als der bedeutendste Sakralbau der Insel. Mit dem Bau wurde kurz nach der Stadtgründung um 1410 begonnen, das heutige Gesicht erhielt die dreischiffige Kirche Ende des 17. Jhs. Herausragend sind das Renaissanceportal, die im spanisch-arabischen Mudéjarstil gearbeitete Holzdecke und der von Holzbohlen durchbrochene Steinfußboden. Im Kirchenmuseum werden u.a. Priestergewänder und Kerzenständer gezeigt (Mo.–Fr. 10.45–16.20, Sa. 11.00–15.20 Uhr). Etwas außerhalb liegt die frei zugängliche Ruine des **Convento de San Buenaventura**.

MUSEUM

An der Hauptstraße stellt das **Museo Arqueológico** u.a. Keramik, Schmuck und Idole der Altkanarier aus (Di.–Sa. 10.00–18.00 Uhr).

RESTAURANTS

Die € **Bar Valtarajal** ist eine gute Adresse für Tapas, auch Ziegenfleisch und mariniertes Kaninchen stehen auf der Karte (Calle Roberto Roldán 6, Tel. 928 87 80 07). Vom Ambiente ist die € € € **Casa Santa Maria** neben der Pfarrkirche unschlagbar, das Essen allerdings leicht überteuert (Plaza Iglesia 1, Tel. 928 87 80 36).

UMGEBUNG

Die Anfahrt auf Passstraßen ist ein Erlebnis, ob man sich von Süd oder Nord dem reizvoll in ein Tal platzierten Bergdorf **Vega de Río Palmas** (6 km südl.) nähert, der größten Palmenoase der Insel. Vom Nordufer eines fast das ganze Jahr verlandeten Stausees führt ein Steig in den **Barranco de las Peñitas** TOPZIEL. In der imposanten Felsenschlucht schmiegt sich die kleine Ermita de la Peña an den Hang.

⑤ Ajuy

Der Fischerort an der touristisch kaum erschlossenen Westküste ist ein beliebter Ausflugsort, von dem sich stundenlange Wanderungen an der von felsigen Kaps und kleinen Buchten gegliederten Küste unternehmen lassen.

RESTAURANT

Kultstatus genießt € / € € **Jaula de Oro** direkt am Strand. An den kleinen Tischchen vor der Bar lässt man es sich bei großzügigen Fischportionen zu kleinen Preisen gut gehen (Tel. 928 16 15 94).

WANDERUNG

Nördlich vom Strand führt ein durch ein Geländer gesicherter Pfad zur 15 Minuten entfernten **Caleta Negra**. Von der in die Steilküste eingelassenen schwarzen Grotte kann auf dem Klippenrand noch weiter bis zum Felsentor **Peña Horadada** gewandert werden.

⑥ Caleta de Fuste

Die in den 1980er-Jahren am Reißbrett entworfene Ferienstadt ist bei Familien und Golfern beliebt. Wegen der Nähe zum Flughafen ist mit Fluglärm zu rechnen.

STRÄNDE

Die halbkreisförmige **Playa del Castillo** eignet sich durch die geschützte Lage sehr gut für Kinder. Etwas südlich davon gibt es die neu aufgeschüttete kleine **Playa de la Guirra**.

UMGEBUNG

In **Las Salinas** (3 km südl.) dokumentiert das Museo del Sal, wie früher auf der Insel Salz gewonnen wurde (Di.–Sa. 10.00–18.00 Uhr).

❼ Costa Calma

Die weitläufige Ferienstadt auf der Halbinsel Jandía macht ihrem Namen (Stille Küste) alle Ehre. Zwischen den Hotel- und Bungalowanlagen ist viel Platz, der herrliche Strand ist ideal für den Familienurlaub.

STRÄNDE
Die **Playa Costa Calma TOPZIEL** gehört zum Besten, was die Strandinsel Fuerteventura zu bieten hat – feiner goldgelber Pulversand auf gut 10 km Länge. Wind- und Kitesurfer finden an der Playa Barca weiter südlich das vielleicht beste Revier Europas.

HOTEL
Das Vier-Sterne-Resort € € € **Costa Calma Palace** verspricht recht ruhige Ferien (Tel. 928 87 60 10, www.sunrisebeachhotels.com).

❽ Morro Jable/Jandía

Der Doppelort auf der Halbinsel Jandía ist das größte Ferienzentrum Fuerteventuras.

STRÄNDE
Die **Playa del Matorral** gehört zu den besten Stränden der Insel. Die Salzwiesen **El Saladar** um den Leuchtturm stehen unter Naturschutz.

HOTEL
An der Playa del Matorral lockt das € € € **Riu Palace Jandía** (Tel. 928 54 03 70, www.riu.com) mit direktem Strandzugang.

UMGEBUNG
Ein Muss ist ein Ausflug nach **Cofete** (16 km nordwestl.). Der fast verlassene Weiler markiert so etwas wie das Ende der zivilisierten Welt.

INFORMATION
Oficina de Turismo, Centro Comercial Cosmo, Tel. 928 54 07 76

Tipp

Las Playitas

Seit am Ortsrand des Fischernests Las Playitas ein exklusives Resort mit allem Pipapo öffnete, ist es an dem Küstenstrich bei ❾ **Gran Tarajal** nicht mehr ganz so ruhig und romantisch. Doch von der kleinen Mole aus bietet sich nach wie vor ein zauberhafter Blick auf die übereinander gestapelten kubischen Häuserwürfel. Schmale Gassen, lauschige Treppenwege, Blumenkübel vor den Türen, dazu ein paar eingestreute Palmen, Pfefferbäume und leuchtende Bougainvilleen – das alles zusammen hat schon was.

Genießen   Erleben   Erfahren

Voll im Aufwind

DuMont Aktiv

Dass für den Surfsport auf Fuerteventura außergewöhnlich gute Windverhältnisse vorherrschen, hat sich in der Szene mittlerweile herumgesprochen. Auch sonst sind hier die Surfreviere vom Allerfeinsten. Das Starkwindrevier an der Playa Sotavento auf der Halbinsel Jandía gilt als das beste Revier in Europa, und auch die Nordküste zwischen Corralejo und El Cotillo hält etliche hervorragende Spots bereit. Seit mehr als 20 Jahren trifft sich auf Fuerteventura die Weltelite im Sommer zu Weltcuprennen. An beiden Spots bieten renommierte Surfschulen Kurse sowohl für Wind- als auch Kitesurfen an, angefangen vom Schnupper- und Anfängerkurs bis zum Aufbaukurs für angehende Profis. Wasserstarts, Wendemanöver, Springen – alles wird geübt, bis es sitzt; auf Wunsch auch im Einzelunterricht.

An der Playa Sotavento sorgt eine Lagune mit weitläufigem Stehbereich für ideale Schulungsbedingungen. An der vorgelagerten Sandbank bricht sich eine bis zu zwei Meter hohe Welle. Material und Neoprenanzüge werden gestellt oder können für individuelle Stunden ausgeliehen werden, darunter auch Boards für den neuen Trendsport Stand-up-Paddling (SUP).

Auch die Sicherheitsstandards sind vorbildlich. An der Playa Sotavento wird das Geschehen auf dem Wasser von Wachtürmen aus kontrolliert, in Notfällen schwärmen Jetboote aus.

Informationen

Beste Zeit: Juni–Aug., doch auch in der übrigen Zeit herrschen gute bis sehr gute Bedingungen
Surfstation im Süden: René Egli Center, Playa Sotavento, Hotel Meliá Gorriones, Tel. 928 54 74 83, www.rene-egli-com

Surfstation im Norden: Flagbeach Windsurf & Kite Centre, Corralejo, Tel. 928 54 74 83, www.flagbeach.com
Kosten: Dreitägiger Windsurfkurs inkl. Equipment ab 140 €, Kitesurfing je nach Anbieter ab 300 €

Vom Windsurfzentrum René Egli an der Playa Sotavento aus kann man sich aufs Meer begeben – die stetigen Winde sind eine wahre Freude für Surfer, Kiter und Co.

Feuer und Flamme

Die Feuerinsel lässt niemanden kalt, ganz egal, ob man die ausgebrannte Vulkanlandschaft mag oder nicht. Im Nationalpark Timanfaya wird das vulkanische Erbe Lanzarotes gekonnt in Szene gesetzt. Besucher können sich dort hautnah ein Bild von den unter der Erde schlummernden Kräften machen. Und auch sonst präsentiert sich Lanzarote als eine bis aufs i-Tüpfelchen durchgestylte Ferieninsel. Ästheten sind schlichtweg begeistert.

Unterwegs zu den Feuerbergen: Im Parque Nacional de Timanfaya bringen Dromedare die Besucher an Ort und Stelle.

Abendstimmung am Charco de San Ginés in Arrecife, Lanzarotes Hauptstadt

Hund(e) voraus: Spaziergang mit Päuschen an der Playa del Reducto
in Arrecife

Villa an der Uferpromenade in Arrecife

Karnevalsumzug in Arrecife

„Allein das Klima der Inseln ist ein Luxus!"

César Manrique

Es war einmal ein Künstler, der auf seiner Heimatinsel von einem Ferienparadies träumte, das nicht nur Sonne und Strand bieten, sondern auch die Naturschönheiten im rechten Licht präsentieren sollte. Rückblickend gesehen, hat der in Arrecife geborene César Manrique das geschafft. Rund zwanzig Jahre nach seinem jähen Tod – er kam 1992 bei einem Verkehrsunfall ums Leben – ist sein Name wie kaum ein anderer mit Lanzarote verbunden.

César Manriques Vision

Als Multitalent machte der Maler, Bildhauer, Architekt und Landschaftsplaner Lanzarote zu einem unverwechselbaren Platz. Manrique hatte ein sicheres Gespür für das Spektakuläre; er wusste, wie etwas in Szene gesetzt werden muss, damit die Leute aus dem Staunen nicht herauskommen – ganz egal, ob das nun die Lavagrotten Jameos del Agua sind, der auf eine Klippe gesetzte Aussichtspunkt Mirador del Río, der Kaktusgarten in Guatiza oder eines seiner über die ganze Insel verteilten Windspiele.

Kunst wurde von Manrique gelebt. Das wird beim Besuch von seinem als Museum zugänglich gemachten ehemaligen Wohnhaus in Tahíche sofort klar. Nur eines hatte Manrique nicht bedacht. Er rief wenige – viele kamen. Jahrelang

wurde gebaut, was die Betonmischer hergaben. Die Insel kann heute den Ansturm der Gäste kaum noch verkraften, viel mehr dürfen es nicht mehr werden.

Aufstieg eines Fischerdorfs

Puerto del Carmen hieß bis kurz vor der Touristenära La Tiñosa (die Schäbige). Der Küstenort ist ein klassisches Beispiel für den rasanten Aufstieg vom verschlafenen Fischerdorf zur kosmopolitischen Ferienstadt. Manche Kritiker fragen sich allerdings, ob es tatsächlich ein Aufstieg war. Zur besseren Vermarktung der Ferienstadt musste natürlich auch ein neuer Name her – man einigte sich auf den der Schutzpatronin des Ortes. Puerto del Carmen wird heute von Urlaubern aus halb Europa besucht. Wirklich schön ist der Ort nicht, trotz der vielen im Manrique-Stil gehaltenen Apartmentanlagen. Da diese nur selten mehr als zwei Stockwerke haben, dehnen sie sich umso mehr in der Fläche aus. Auf einer Länge von zehn Kilometern zieht sich ein Konglomerat aus Wohnkomplexen, Einkaufszentren, Diskos und Gastronomiebetrieben die Küste entlang. Dafür bietet die Stadt alle Annehmlichkeiten, die von einem Badeort allgemein erwartet werden: feine Sandstrände zuallererst, und davon gleich vier. An der Playa Grande, dem besten davon, reihen sich die Lie-

Nach Plänen von César Manrique an der Stelle eines aufgelassenen Steinbruchs angelegt und im Jahr 1990 eröffnet wurde der Jardín de Cactus bei Guatiza, in dem man auf mehreren „Etagen" inmitten von Kakteen und anderen Wüstenpflanzen spazieren kann.

Auch der Mirador del Río (hier eine Innenaufnahme),
ein an der Stelle eines alten …

… Beobachtungspostens im äußersten Norden Lanzarotes direkt in den Felsen gehauener Aussichtspunkt mit Café-Restaurant in 479 m Höhe, ist ein beeindruckendes Werk César Manriques.

gestühle und bunten Sonnenschirme in preußischer Ordnung akkurat aneinander, und die Strandboys achten penibel darauf, dass das auch so bleibt. Gelungen ist die Fußgängerpromenade über dem Strand, etwas Flair versprüht auch das alte Hafenquartier. Sobald die Sonne untergeht, füllen sich dort die Fischlokale: Über dem kleinen Hafenbecken kann man dabei zuschauen, wie das letzte Tageslicht hinter den rostrot eingefärbten Ajaches-Bergen verschwindet.

Lanzarotes sonniger Süden
Auf der Promenade von Playa Blanca drängen sich zu jeder Jahreszeit Feriengäste; rappelvoll ist es hier vor allem um Weihnachten. Eine Gruppe skandinavischer Touristen in Shorts und Flipflops studiert einen auf dem Uferweg aufgestellten achtsprachigen Speisekartenaushang. Auf jeder Kartenseite leuchtet ein anderes Nationalitätenfähnchen, Finnland und Schweden sind auch dabei. Der Kellner grüßt bereits mittags um zwei mit einem *buenos tardes* und zeigt mit einer einladenden Armbewegung auf einen freien Tisch unter einer Markise. Entgegen dem kanarischen Dialekt spricht er die „s" am Schluss der Wörter aus – offenbar ist er vom spanischen Festland zugewandert. Viele kamen wie er im Sog des Touristen-Booms von Galicien oder dem Baskenland hierher.

Auch Playa Blanca war vor 30 Jahren noch ein einfaches Fischernest. Anstelle von Fischkuttern machen an der Mole heute schnelle Katamaranfähren fest, die mehrmals täglich zwischen Lanzarote und Fuerteventura hin und her pendeln.

Viel Plunder an der Playa
Die Skandinavier schlendern weiter und steuern gezielt eine Wi-Fi-Cafeteria an, wo sie aller Wahrscheinlichkeit nach ihre Mails checken und sich vergewissern, dass in Tampere und Eskilstuna die Tagestemperaturen im zweistelligen Bereich unter Null liegen. Schließlich will man die weite Reise aus dem hohen Norden nicht umsonst gemacht haben.

Mit nur etwa 100 Gästebetten hält sich der Tourismus auf La Graciosa im Rahmen.

Ständig bewohnt ist Lanzarotes kleine Schwesterinsel erst seit 1876, als in der Bucht von Caleto del Sebo eine Fischfabrik gebaut wurde.

Noch heute leben rund 90 Prozent der Bevölkerung von La Graciosa vom Fischfang. Am besten erkundet man die 28 km² große Insel mit dem Mountainbike oder zu Fuß auf meist sandigen Pisten und Pfaden.

Ausgangspunkt jeglicher Unternehmung auf der nur durch den 1 km breiten Meeresarm El Río von Lanzarote getrennten Insel ist ihr Hauptort Caleta del Sebo.

Koschenille-Zucht

Special

Eine lausige Angelegenheit

Die Schildlauszucht war im 19. Jahrhundert Hoffnungsträger für die Inseln. Aus den Schmarotzern kann ein Farbstoff hergestellt werden.

Wie Schildläuse zu einem Farbstoff werden, schauten sich die Spanier von den Mexikanern ab. Nachdem Mexiko sich vom Spanien gelöst hatte, brachten sie die Technik auf die Kanaren. Als Wirtspflanze für die Läusezucht musste auch der Feigenkaktus *(Opuntia ficus-indica)* auf den Inseln heimisch gemacht werden. Die auf dessen Blättern ausgebrachte Läusebrut ist nach drei Monaten „erntereif". Mit einem Schaber werden die Läuse abgekratzt, getrocknet und zu Pulver vermahlen, aus dem mit einem Lösungsmittel ein roter Farbstoff (sprich: das Läuseblut) ausgezogen wird.

Im 19. Jahrhundert herrschte in der aufkommenden Textilindustrie ein enormer Bedarf an Farbstoffen, binnen weniger Jahre stiegen die Kanaren zum Haupterzeuger auf. In Spitzenjah-

Stachelige Wirtspflanze bei Guatiza

ren konnten 3000 Tonnen ausgeführt werden. Ein jähes Ende nahm die Entwicklung erst, als um 1870 die Badische Anilin- und Sodafabrik (BASF) die Chemiefarben erfand. Praktisch über Nacht sank die Nachfrage nach der Naturfarbe fast auf Null. Eine kleine Nische blieb dem ungiftigen Koschenillerot erhalten – noch heute werden damit Naturtextilien und Lippenstifte eingefärbt; früher erhielt dadurch auch der Campari seine Farbe.

Im Presseshop neben dem Café liegen Zeitungen aus halb Europa aus, die englische *Sun* neben dem holländischen *Telegraaf* und tagesaktuell das auflagenstärkste deutsche Boulevardblatt.

Fisch-&-Chips-Lokale, Souvenirläden mit neben dem Eingang gestapelten Luftmatratzen, billigen Strandmatten made in China und teppichgroßen Badetüchern, bedruckt mit Schmetterlingen, Tigern und anderer exotischer Fauna – César Manrique hätte sich beim Anblick des Plunders wohl die Haare gerauft.

Die Leuchttürme im Südwesten

Die Fußgängern vorbehaltene Uferpromenade von Playa Blanca hat aber Klasse. Je nach Gusto kann man vom Fährhafen nach Osten nach Marina Rubicón oder zu den beiden Leuchttürmen an der Punta Pechiguera im südwestlichsten Inselzipfel spazieren. Auf dem Weg nach Westen liegt die Playa Flamingo, an der die Palmen mittlerweile hoch genug sind, um einen ordentlichen Schatten zu werfen. Dass die von einer Mole eingefasste Bucht künstlich angelegt wurde, stört niemanden. Kurz vor dem Faro de Pechiguera endet abrupt die Bebauung und vermittelt eine Vorstellung davon, wie der Küstenstrich vor der touristischen Erschließung ausgesehen haben mag – rau und ungeschminkt.

Dass Lanzarote so schön ist, wie es ist, verdankt es vor allem einem Mann: César Manrique (1919–1992). Der in Arrecife, dem Hauptort Lanzarotes, geborene Architekt, Landschaftsgestalter, Maler und Bildhauer hatte eine Vision für seine Heimatinsel, die er mit viel Geschmack und Geschick in einen – Architektur und Natur harmonisch vereinenden – Rahmen setzte. Den besten Eindruck von dieser Vision vermittelt die in seinem ehemaligen Wohnhaus untergebrachte Fundación César Manrique (alle Abbildungen) am südlichen Ortsrand von Tahíche. Natur und Architektur bilden in diesem – auf einem bei Vulkanausbrüchen des 18. Jahrhunderts entstandenen Lavafeld errichteten, um fünf Hohlräume im Lavagestein angeordneten – Bau eine harmonische, auch atmosphärisch stimmige Allianz.

Ein neues Flanierquartier

Ausgesprochen nobel gibt sich – auf halbem Weg zu den Papagayo-Stränden – das Viertel Marina Rubicón, das seinen Namen von der sich weit ins Hinterland ziehenden Rubicón-Ebene hat. Es ist gerade mal zehn Jahre alt und wirkt dennoch wie ein gewachsenes kanarisches Dorf aus dem vorletzten Jahrhundert. Mit dem von Kanälen durchzogenen Musterkomplex samt schickem Jachthafen haben die Touristikplaner tatsächlich einen großen Wurf gelandet. Um einen künstlichen Teich gruppieren sich einstöckige Häuser im Inselstil, eine Restaurantzeile ist direkt übers Wasser gebaut, sphärische Ambient-Musik im Café del Puerto erinnert ein bisschen an Ibiza. Das Flaggschiff des Viertels ist ein oberhalb des Hafens platziertes Fünf-Sterne-Hotel mit einem künstlichen Vulkankegel als Blickfang. Über der Marina thront seit dem Jahr 1742 ein runder Wachtturm, von dem einst nach Piraten in der Meerenge zwischen Lanzarote und Fuerteventura Ausschau gehalten wurde. Heute genießt man von dort die wunderbare Aussicht bis hinüber zu den Dünen von Corralejo. Einen negativen Beigeschmack bekommt das Flanierviertel lediglich dadurch, dass dafür die ursprünglich urigen Fischerhütten dem Neuen weichen mussten, trotz vehementer Proteste aus der Bevölkerung.

Hart am Kliff

„Famara bietet dem Besucher den bedrückenden Anblick eines misslungenen Badeortes", schreibt der Bestsellerautor Michel Houellebecq in seiner Erzählung „Lanzarote". Ein Kritiker nannte das dünne Bändchen des Enfant terrible des französischen Literaturbetriebs die traurigste Reisegeschichte der neueren Literatur. Was ist da nun tatsächlich los in Famara? Fast nichts, das ist das Gute. Okay, die wie geklont aussehenden Flachbungalows über dem sichelförmigen Strand nehmen sich optisch nicht gerade vorteilhaft aus. Die Surfer und Wellenreiter, die in der windexponier-

Als „Tal der tausend Palmen" bezeichnet man das Hochtal, in dem der Ort Haría liegt. In früheren Tagen war dies ein beliebter Sommersitz für viele reiche Hauptstädter.

Die Weine der Bodega Rubicón in La Geria wurden schon mehrfach ausgezeichnet, zuletzt mit einem „Diamant" in der Kategorie trockene Weißweine beim Madrider Weinwettbewerb „Wein und Frau".

Blick auf die Iglesia Nuestra Señora de Guadalupe in Teguise

Casa Omar Sharif: Ob der Hollywoodstar jemals in dieser von César Manrique erdachten Anlage wohnte, ist nicht bekannt – er verlor die Villa beim Bridge-Spiel, kurz nachdem er sie erworben hatte. Ein Teil davon ist als Museum zugänglich, ein Restaurant serviert mediterrane Küche.

Sobald man dem verschlafenen Hafenort den Rücken zugekehrt hat, ist der Lärm der Welt vergessen.

ten Bucht an der Westküste auf die ultimative Welle warten, stört das jedoch überhaupt nicht. Für den normalen Badetouristen sind die bis zu zwei Meter hohen Brecher nichts, darum ist auch in den letzten Jahrzehnten kein Neubau hinzugekommen. Dafür kann man am Strand zu Füßen des Famara-Kliffs wunderbar nach Norden wandern, sich die von Gischt gesättigte Atlantikluft um die Nase wehen lassen, nach La Graciosa hinüberschauen, Weißkopfmöwen beobachten. Bis es schließlich nicht mehr weitergeht. Ursprünglich führte ein spannender Fahrweg mitten durch das Kliff zur Playa del Risco genau gegenüber von La Graciosa. Doch Felsstürze und Gerölllawinen rissen Teile der Piste weg. Auch in Caleta de Famara am Westrand des Mondsichelstrands scheint jemand die Zeit angehalten zu haben. Lediglich das halbe Dutzend Fischlokale deutet an, dass ab und an – sprich: am Wochenende – doch etwas los sein muss.

Anmutige Schönheit

Wer Lust auf das der Nordostküste vorgelagerte Inselchen La Graciosa bekommen hat – bitteschön! Von Orzola aus setzen mehrmals täglich Boote nach Caleta del Sebo über. Zwei Fährgesellschaften teilen sich das Geschäft, das erste Boot geht morgens um acht, das letzte

kehrt abends um sechs nach Lanzarote zurück. Genug Zeit also für einen ausgiebigen Tagesausflug. Selbst bei einigermaßen ruhiger See sind die Wellen beachtlich. Die kleine Barkasse schaukelt wie eine Nussschale auf dem Wasser. Passagiere, die zu Seekrankheit neigen, sollten sich einen wirklich ruhigen Tag für die Überfahrt aussuchen. Hat man dann wieder festen Boden unter den Füßen, ist es garantiert ruhig. Bis auf ein paar Jeeps bewegt sich auf der Insel quasi nichts auf vier Rädern. Wer will, kann am Bootsanleger in Caleta del Sebo ein Mountainbike mieten. Die meisten Besucher machen sich jedoch zu Fuß auf den Weg. Sobald man dem verschlafenen Hafenort den Rücken zugekehrt hat, ist der Lärm der Welt vergessen.

Einer der letzten unberührten Flecken des Archipels

Die Nordroute verläuft über die meist nur im Sommer mit Leben erfüllte Feriensiedlung Pedro Barba zur Playa de las Conchas. Dieser paradiesisch anmutende Sandstreifen gehört zu den letzten unberührten Flecken des Archipels. Etwas Wehmut kommt auf. So mag es wohl vor 30 oder 40 Jahren noch an vielen kanarischen Stränden ausgesehen haben. Kein Hotel, kein Kiosk, kein Schirmverleih, einfach nichts außer goldgelbem Pulver-

Strand-Feeling in Playa Blanca: Im (nach Puerto del Carmen und Costa Teguise) drittgrößten Touristen-zentrum Lanzarotes führt die Uferpromenade westwärts vom Hafen an der Playa Flamingo vorbei.

Zukünftiges Topmodel in vorbildlicher Haltung an den Papageienstränden (Playas de Papagayo) – herrliche Badebuchten mit kristallklarem Wasser unweit von Playa Blanca

„Los Hervideros" nennt man die wilde Lavaküste zwischen El Golfo und den Salinas de Janubio. Tosend brandet hier das Meer in den vielen von Wind, Wetter und Wellen geformten Höhlen.

Luxuriös muten die schwimmenden Untersätze im – rund 2 km östlich des Ortszentrums von Playa Blanca gelegenen – Jachthafen Marina Rubicón an.

sand. Doch genau wie in Famara ist an Badebetrieb nicht zu denken. Die meist ungestüme Brandung erlaubt nur ein vorsichtiges Planschen in den auslaufenden Wellen. Ideal zum Baden sind dafür die Strände der Südküste. Wer will, der kann von dort auf einem Saumpfad die Montaña Amarilla besteigen und dann wie aus der Vogelschau auf die winzig kleine Playa de la Cocina hinabblicken.

Hässliches Entlein

Eine Hauptstadt hat Lanzarote natürlich auch – doch da will zumindest von den Feriengästen kaum jemand hin: Wirklich Schönes muss man in Arrecife suchen. Von ein paar kurzen Flanierzonen

Eine Hauptstadt hat Lanzarote natürlich auch – doch da will kaum jemand hin.

im Zentrum abgesehen, prägen gesichtslose Straßenzeilen das Bild, die sich immer weiter ins Hinterland fressen und bereits die einstmals großzügig die Stadt umlaufende Schnellstraße erreicht haben. Für die Stadtgründung gab wie so oft ein geschützter Naturhafen den Ausschlag. Fast 200 Jahre lang bestand Arrecife lediglich aus ein paar einfachen Fischerhäuschen, einem Lagerhaus für den Warenumschlag und der auf Initiative eines französischen Seefahrers errichteten Kapelle San Gines. Um das Wenige zu sichern, wurde auf einer vorgelagerten Felseninsel um das Jahr 1570 ein Fort errichtet, das aber schon bald Piraten niederbrannten. Wenige Jahre darauf beauftragte man den italienischen Festungsbaumeister Leonardo Torriani mit dem Bau des Castillo de San Gabriel. Diese trutzige Burg mit ihren abweisenden, dunklen Mauern und dem aufgesetzten Glockengiebel überstand fast unbeschadet die Wirren der Zeit. Auch die Zugbrücke, die das Kastell einst mit dem Schiffsanleger verband, gibt es noch.

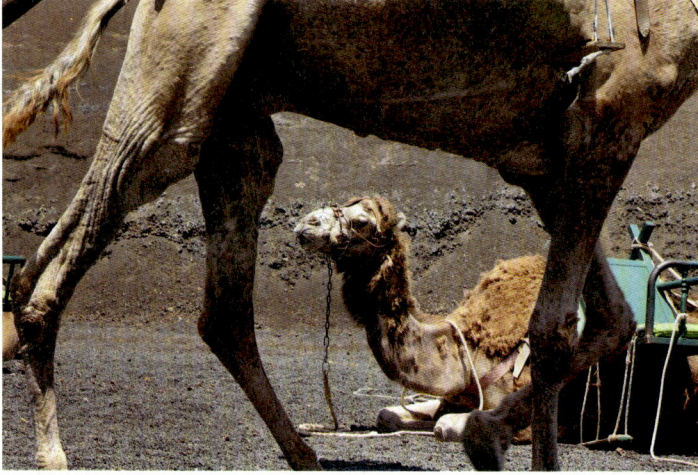

Das Wunder der Kanaren offenbart sich vielleicht am deutlichsten bei einem Besuch des Parque Nacional de Timanfaya (alle Abbildungen) auf Lanzarote: „Kein Lavafeld, keine Dünenkette, keine Basaltflanke kann so steril oder lebensfeindlich sein, dass sich nicht irgendwo in einem minimalen Spalt ein Pflanzensamen festsetzt und zu sprießen beginnt." (Paul Otto Schulz)

„Zu den Feuerbergen
gelangt man durch
eine Landschaft von
düsterer Gewalt."

Gerhard Nebel

VULKANISMUS

Aus der Erdhitze geboren

„Kein Baum, kein Kraut": So beschrieb der deutsche Geologe Leopold von Buch die von Vulkanausbrüchen gezeichnete Insel, wie er sie bei seinem Besuch um das Jahr 1825 herum angetroffen hatte. Auch fast 200 Jahre später ähnelt fast ein Drittel der Inselfläche eher einer ausgebrannten Mondlandschaft als einem Ferienparadies.

Montañas del Fuego heißen die Vulkanberge so treffend, Feuerberge. Von Eisenoxiden eingefärbt, changiert ihre Farbe von anthrazit bis rostrot. Zwischen den Bergen breiten sich ausgebrannte Schlackefelder und Lavaröhren aus. Letztere entstehen, wenn ein Lavafluss zunächst an der Oberfläche erstarrt, während er im Inneren noch flüssig bleibt und durch das Weiterfließen einen Hohlraum erzeugt. An der – wie ein Strickmuster strukturierten – Oberfläche solcher Lavaflüsse erkennt man später auch deren Fließrichtung.

Natur in Aufruhr

Vor der Naturkatastrophe gab es in der Region zehn Dörfer – bis im Jahr 1730 die Erde aufbrach und die Insel vollkommen auf den Kopf stellte. Das geschah nicht über Nacht, sondern sozusagen scheibchenweise: In immer neuen Eruptionsserien schleuderte die Erde gewaltige vulkanische Bomben durch rund 25 Schlotöff-

Unterwegs im Nationalpark bekommt man einen intensiven Einblick in die „Schöpfungsgeschichte" der Kanaren – bei denen es sich weder um das untergegangene Atlantis handelt noch um Teile des afrikanischen Kontinents, sondern um vulkanische Erhebungen der rund 4000 m tiefen Schollenbruchstücke des Atlantikbodens vor vielen Millionen Jahren.

Mit ein bisschen
Fantasie lassen sich
im Lavagestein die
verschiedensten
Formen und sogar
„Gesichter" entdecken.
Am faszinierendsten
aber ist, wie die grün
sprießende Natur immer
wieder mühsam ihren
Weg ans Licht findet.

Geysir „handgemacht" (oben) und Deftiges vom „Vulkangrill" (unten): Wohl niemand bleibt unbeeindruckt, wenn die Parkwächter mit kleinen Kunststücken die durchaus auch praktisch nutzbaren Naturvorgänge unter der Erdoberfläche demonstrieren.

nungen empor, Rauchwolken und Ascheregen verdunkelten auch tagsüber die Atmosphäre. Auf Lanzarote herrschte die reinste Weltuntergangsstimmung. Menschen kamen bei dem sechs Jahre lang andauernden Inferno wie durch ein Wunder nicht zu Schaden. Wer konnte, der floh auf die Nachbarinseln oder nach Südamerika.

Vulkanlandschaft für Touristen

Von den Siedlungen im zerstörten Areal blieben nur ein paar Namen erhalten. Rodeos, Santa Catalina und im Kerngebiet der Ausbrüche der Weiler Timanfaya. Als einziges Dorf wurde Uga wieder aufgebaut. Jeden Morgen macht sich von dort eine Dromedarkarawane auf den Weg in die Feuerberge. Mehr als einhundert Tiere sind unterwegs, eines hinter dem anderen trotten sie über die Landstraße zu ihrem Arbeitsplatz, um Touristen auf ihrem Rücken durch die kahlen Berge zu schaukeln. Die Straße nach Mancha Blanca ist die einzige Teerstraße, die durch die als Nationalpark ausgewiesene Vulkanlandschaft führt. Sie wurde gebaut, als sich in den 1950er-Jahren ein gewisser General Franco zu einem Besuch anmeldete.

Hitzeexperimente

Heute wollen täglich Tausende das zerstörerische Werk der Vulkane in Augenschein nehmen, bei von Brian Eno komponierten Sphärenklängen im Panoramabus das vulkanische Geschehen nachempfinden oder im Restaurante El Diablo ein mit natürlicher Erdhitze gegartes Steak probieren. Unvorstellbar, dass nur 13 Meter unter den Füßen Temperaturen von 600 Grad Celsius herrschen sollen! Draußen vor dem Vulkangrill wird demonstriert, welch große Hitze dicht unter der Erdoberfläche schlummert. Ein Parkwächter wirft eine Heugabel voll trockenen Gestrüpps in eine nur wenige Meter tiefe Erdspalte, und binnen Sekunden brennt es. Noch eindrucksvoller ist die Wasserprobe. Wie bei einem Geysir schießt das eimerweise ins Erdloch gekippte Wasser als haushohe Dampffontäne in den Himmel. Offensichtlich ist die Insel immer noch in Arbeit.

Wandern im Nationalpark

....

Parkranger führen auf einer gut zweistündigen Wanderung (Ruta de Tremesana) durch das Gebiet. Anmeldungen im Besucherzentrum (Centro de Visitantes e Interpretación de Mancha Blanca) oder unter www.reservasparquesnacionales.es. Es empfiehlt sich, frühzeitig zu disponieren – in der Hauptsaison ist die Tour auf Wochen ausgebucht. Individuelle Touren bieten an: **Canary Trekking**, Marcelo Espino Cabello, www.canarytrekking.com, und **LanzaTrekk**, wwww.lanzatrekk.com

Eine rund 30-minütige
Bustour entlang der
Ruta de los volcanes
erschließt die wichtigsten
Natursehenswürdigkeiten
des Nationalparks.
Alternativ lässt sich
die Gegend mit einem
Dromedar erkunden
oder auf einer geführten
Wanderung.

LANZAROTE

Punta Mosegos
Punta Grieta
Punta de los Mosquitos
Caleta de Morro Alto
Faro de Alegranza
La Caldera
52
Alegranza
Punta Delgada
Alegranza
Punta Trabuco
Punta de la Mareta
El Caletón

Parque Natural del Archipiélago Chinijo

Roque del Oeste

Montaña Clara
Punta de la Camella
Caleta de Gu'zman
256
Punta Gorda
Baja de las Majapalomas
Playa Lampra
Punta del Aqua
157
Playa de las Conchas
Punta de Pedro Barba
O de la Sonda
Pedro Barba
La Baja del Ganado
Graciosa
Las Agujas
266
Caleta de Pedro Barba
Punta del Bajío
Caleta de Burro
Caletón de las Huertas
Caleta del Sebo
Caleta de Arriba
Punta Fariones
Playa de la Canteria
Playa Francesa
La Punta
El Río
Orzola
El Arco
Charca de la Laja
Caletón Blanco
Caleta del Mojón Blanco
Mirador del Río
Ye
Casas La Breña
6
Punta Prieta
La Caleta
Guinate
1
La Bahía
Los Molinos
13
Casas Las Escamas

Lanzarote

Los Lomillos
22
Mágues
5
Cueva de los Verdes
C. del Guincho
C. de las Aulagas
Punta Escamas
Punta Usaje
3
Haría
Faja
451
Arrieta
10
Los Caletones
Jameos del Agua
4
Punta Guerra
Las Bajas
Cortijo de Don Juan Feo
Tabayesco
Los Picachos
Punta de Mujeres
Caleta de Campó
Playa de Famara
Mirador de Haria
Punta de la Pared
Boca de Abajo
Punta Prieta
Caleta del Caballo
Bajamar
La Caleta de Famara
Urbanización Famara
14
Mala
Playa del Serfio
La Isleta
La Costa
la Costa
Casa del Molino
Ermita del Valle
Los Valles
Charco del Palo
El Roque
La Santa
Sóo
293
Sóo
Urbanización Vista Graciosa
El Jable
Las Laderas
Ermita de San Rafael
Teguise
Eremita de San Sebastián
El Mojón
Guatiza
33
Urbanización Los Cocoteros
Caletòn de las Ánimas
Piedra Mansa
8
El Cuchillo
Muñique
6
Castillo de Guanapay
Teseguite
1
Playa del Tio Joaquin
Punta Gaviota
Playa de Chó Gregorio
Volcán Nuevo
Playa de la Madera
Islotes de Punta Gaviota
Teneza
368
La Vegueta
Tinajo
1
Tiagua
Tao
30
Nazaret
Urbanización Oasis de Nazaret
10
Ensenada del Banco
Punta del Paletón
Mancha Blanca
46
Ermita de los Dolores
3
Urbanización Las Cabreras
Corona
235
Punta de Tierra Negra
Caleta de la Ensenade
Casas del Islote
Parque
Natural
56
Monumento al Campesino
Mozaga
Tahiche
Tahiche
321
Ensenada de la Gorrina
Bonanza Cumplida
Parque Nacional de Timanfaya
Las Cañas
458
Casas de la Florida
San Bartolomé
M.Mina
444
34
Las Salinas
8
Ruta de los volcanes
Isleta de Hilario
Montaña Negra
510
Casa del Rincón
Argana
Fundación César Manrique
11
Costa Teguise
2
Playa del Paso
Pico Partido
517
Montaña Blanca
20
LZ20
Punta de Tope
Playa Bastián
Casa de El Golfo
Montañas del Fuego
Conil
Güima
35
3
3
Ensenada de las Caletas
Punta del Jurado
El Golfo
de
67
La Gería
La Asomada
Tías
Puerto del Carmen
LZ-2
Castillo de San José
Cádiz
Playa de Montana Bermeja
Los Hervideros
Los Volcanes
5
Yaiza
Uga
Vegas de Tegoyo
2
Mácher
23
Aeropuerto
Castillo de San Gabriel
Salinas de Janubio
Punta del Volcán
Casas la Degollada
Las Casitas de Femés
Cortijos Viejos
Casa de los Majones
40
Urbanización Los Pocillos
ACE
Aeropuerto Lanzarote-Arrecife
Urbanización Playa Honda
1
Arrecife
Playa de Janubio
18
Las Breñas
Atalaya de Femés
608
Femés
Playa Quemada
Pico Naos
415
11
La Puntilla
Urbanización San Antonio
Hoyas Hondas
Caletón del Río
Casas de Masión
Bco. de la Higuera
Playa de la Arena
Caleta Piedra Alta
8
Hacha Grande
560
7
Punta Ginés
Urbanización Atlante del Sol
2
Los Rostros
La Puntilla
Bahía de Avila
Urbanización Montaña Baja
Caleta Negra
La Capagna
4
(Ruinas)
Playa Blanca
7
Punta del Águila
Punta del Papagayo
Punta Pechiguera
Punta Limones
Playa Mujeres
Caleta del Congrio
9
Caleta Larga

Fuerteventura

de la Burra
Punta de la Tiñosa
Faro de Lobos
Punta Martiño
Playa de la Arena
Montaña de la Mancha
Lobos
127
Parque Natural del Islote de Lobos
El Río
Corralejo
Casas de Majanicho
Casas El Puertito
Islote de Lobos
Roques del Puertito
Playa del Médano

Las Palmas de Gran Canaria, Santa Cruz de Tenerife, Santa Cruz de la Palma
Puerto del Rosario

Maßstab 1:300.000

0   3   6km

Vulkane, Meer und jede Menge Kunst

Auf relativ kleinem Raum bietet Lanzarote überdurchschnittlich viele herausragende Sehenswürdigkeiten, allen voran den Nationalpark Timanfaya und die von César Manrique gestalteten Lavagrotten und Aussichtsplätze. Der Tourismus konzentriert sich in drei großen Badeorten, ein Teil der Unterkünfte ist im inseltypischen Stil gehalten.

1 Arrecife

In der Hauptstadt (57 000 Einw.) wohnt knapp die Hälfte der Inselbevölkerung. Bis ins 19. Jh. gab es hier lediglich einen durch ein Kastell befestigten Naturhafen.

SEHENSWERT
Eine fotogene Zugbrücke schafft die Verbindung zu dem auf einer vorgelagerten Mini-Insel platzierten **Castillo de San Gabriel** (16. Jh.), von dessen Dach man Blick auf die Stadt hat. Nahe der Pfarrkirche San Ginés liegt das alte Hafenquartier **Charco San Ginés**.

MUSEUM
Das **Castillo San José** (1779) stellt den rustikalen Rahmen für eine Sammlung zeitgenössischer Kunst, darunter etliche Arbeiten von César Manrique (tgl. 10.00–20.00 Uhr).

RESTAURANTS
Das € € € **Altamar** im 17. Stock des Gran Hotel garantiert den besten Blick auf die Stadt, auch das kulinarische Erlebnis kommt nicht zu kurz (Parque Islas Canarias, Tel. 928 80 00 00). Libanesische Küche gibt es im € € **Chef Nizar** (Calle Luis Morote 19, Tel. 928 80 12 60).

INFORMATION
Oficina de Turismo, Parque José Ramírez Cerdá, Tel. 928 81 31 74

2 Costa Teguise

Der Badeort wenige Kilometer nordöstlich von Arrecife ist eine Gründung vom Reißbrett. Nach Plänen von César Manrique entstanden in den 1970er-Jahren ein Luxushotel und die Mustersiedlung Pueblo Marinero. Seither sind viele mehr oder weniger inseltypische Apartmentkomplexe hinzugekommen.

HOTEL
Das € € **Sands Beach** am nördlichen Ortsrand gefällt durch die im Inselstil gehaltene Architektur mit kleinem integrierten See, direkt an der Playa de los Charcos (Avenida Islas Canarias 18, Tel. 928 59 58 20, www.sandsbeach.eu).

Blaue Stunde an der Uferpromenade in Arrecife (oben), Castillo San Gabriel (unten rechts); Manriques Stil ist überall präsent (oben rechts).

RESTAURANT
Im Innenhof des Pueblo Marinero wird im € / € € **Il Ticino** schweizerische Küche mit italienischem Touch geboten (Tel. 928 64 35 38).

UMGEBUNG
In **Tahíche** (8 km westl.) gibt die **Fundación César Manrique** TOPZIEL Einblicke in den extravaganten Wohnstil des Künstlers. In einem Anbau werden seine Privatsammlung und eine Auswahl eigener Arbeiten ausgestellt (www.fcmanrique.org, tgl. 10.00–18.00 Uhr). Am Ortsrand von **Guatiza** (12 km nördl.) gestaltete Manrique in einem aufgelassenen Steinbruch den **Jardín de Cactus**. In dem Garten werden rund 1100 Kakteenarten und Sukkulenten gezeigt (tgl. 10.00–18.00 Uhr).

3 Haría

Der Ort im „Tal der tausend Palmen" ist eines der ländlichen Zentren Lanzarotes. Schwarze Felder kontrastieren mit weißen Häusern.

SEHENSWERT
Der **Mirador del Río** (10 km nördl.) gehört zu den Meisterwerken Manriques. 1974 entwarf der Künstler am Rand des Famara-Kliffs ein Aussichtslokal. Aus 475 m Höhe schweift der Blick über die Meerenge zur Insel La Graciosa (tgl. 10.00–17.45 Uhr). Die **Casa-Museo César Manrique** zeigt, wo der Künstler seine letzten Jahre verbrachte (täglich 10.30–14.30 Uhr).

4 Jameos del Agua

Die **Lavaröhren** TOPZIEL sind eine wichtige Sehenswürdigkeit. Bis zur „Wiederentdeckung" durch Manrique wurde der Platz als Müllkippe benutzt. Unter dem teils eingebrochenen Tunnel tummeln sich in einem unterirdischen See Tausende Albinokrebse. Inmitten der Vulkanlandschaft legte Manrique einen von Palmen umstandenen Pool an und baute eine natürliche Höhle zu einem **Konzertsaal** (Auditorio) aus. Drei Mal pro Woche wird in dem Saal eine Audiovisionsschau des Künstlers Idelfonso Aguilar gezeigt. (tgl. 10.00–18.30 Uhr).

UMGEBUNG
Die **Cueva de los Verdes** (knapp 1 km westl.) gehört zum selben vulkanischen Tunnelsystem wie **Jameos del Agua**. Das Höhlensystem wurde weitgehend im Naturzustand belassen (tgl. 10.00–18.00 Uhr, letzte Führung 17.00 Uhr).

RESTAURANT
Südlich von den Lavagrotten ist **Arrieta** für seine Fischlokale bekannt. Auf der schmalen Terrasse des € € **El Amanecer** sitzt man direkt am Wasser (Calle La Garita 7, Tel. 928 83 54 84).

⑤ La Graciosa

Von Orzola setzen mehrmals täglich Boote zur 20 Minuten entfernten Insel La Graciosa über. Einziger permanent bewohnter (Hafen-)Ort ist Caleta del Sebo (700 Einw.) mit kubischen Häusern. Es gibt eine Kirche, einen Bankautomaten, zwei Supermärkte, Backstube und Lokale. Die fast autofreie Insel wird meist von Wanderern besucht, die an die Strände möchten.

STRÄNDE
An der Südküste erreicht man nach einer Gehstunde die **Playa Francesa** mit guter Bademöglichkeit. Von dort kann über eine Landzunge zur wildromantischen **Playa de la**

Küche im Museum Palacio Spinola in Teguise

Cocina am Fuß der Montaña Amarilla abgestiegen werden. Zur **Playa de las Conchas** an der Nordwestküste sollte man hin und zurück eine Gehzeit von drei Stunden einplanen.

RESTAURANT
Von der € **Cafeteria de la Tierra** hat man immer das Getümmel der Inselbesucher im Blick.

⑥ Teguise

Das 1406 gegründete Teguise ist eine der ältesten Siedlungen der Kanaren und war bis 1852 Inselhauptstadt.

SEHENSWERT/MUSEUM
Herz der Altstadt ist die **Plaza de la Constitución**, an der mit der Kirche **Nuestra Señora de Guadalupe** das Wahrzeichen steht. Im **Palacio Spinola** befindet sich ein Timple-Museum (Mo.–Sa. 9.00–16.30, So. 9.00–15.30 Uhr). Am östlichen Stadtrand führt ein Sträßchen zum **Castillo de Guanapay** (16. Jh.). Von der Festung auf dem 415 m hohen Vulkanberg genießt man weiten Blick. Das in dem Gemäuer untergebrachte **Museo de la Piratería** ist nur für Kinder interessant (tgl. 10.00–16.00 Uhr).

EINKAUFEN
Sonntags zieht der **Mercadillo** (9.00–14.00 Uhr) mit Kunsthandwerk und Nippes Besucher an.

RESTAURANTS
Mitten in der Altstadt werden in der **Art Ikarus Gastro Bar** Tapas und spanische Gerichte aufgetischt (Plaza 18 de Julio, Tel. 928 84 57 01, Sa. Ruhetag). Das € € **Hespérides** zeigt, dass Fleisch nicht die Hauptsache auf dem Teller sein muss. Viele Zutaten wurden ökologisch erzeugt (Calle Léon y Castillo 3, Tel. 928 59 40 12).

UMGEBUNG
In **Nazaret** (2 km südl.) lohnt ein Abstecher zur **Casa Omar Sharif** (Tel. 928 84 56 65, www. lag-o-mar.com) mit Restaurant.

⑦ Puerto del Carmen

Der Tourismus im – mit über 40 000 Betten – größten Badeort Lanzarotes konzentriert sich an der 8 km langen Avenida de las Playas.

STRÄNDE
Der beste der vier Strände ist die **Playa Grande** zwischen Los Fariones und dem Shoppingcenter Atlántico. Nicht ganz so schön ist die **Playa del los Pocillos**, daran schließt sich östlich und schon ziemlich nahe am Flughafen die **Playa Matagorda** an. Winzig, aber schön ist die **Playa Chica** westlich der Playa Grande.

HOTELS
Das Strandhotel € € € € **Los Jameos Playa** trennt nur eine Fußgängerpromenade vom Meer (Playa de los Pocillos, Tel. 928 51 17 17, www. losjameosplaya.de). Unter deutscher Leitung sind die Reihenbungalows von € / € € **Apartamentos Playa Mar** (Calle Dorama 13, Tel. 928 51 00 70, www.apartamentosplayamar.com).

RESTAURANTS
Am Hafen ist das € **La Lonja** ein beliebter Treff auf Tapas und Bier (Varadero, Tel. 928 51 13 77). Östlich vom Hafen gibt es in der € **Casa del Parmigiano** Pasta und Holzofenpizza (Calle Alegranza 1, Tel. 928 51 27 31).

AUSGEHEN
Nachtschwärmer finden Diskos und Musikbars an der Avenida de las Playas im Centro Arena Dorada und Centro Atlántico.

INFORMATION
Oficina de Turismo, Avenida de las Playas s/n (am Ostrand der Playa Grande), Tel. 928 51 33 51, www.puertodelcarmen.com

⑧ Parque Nacional de Timanfaya

Anlaufpunkt im 1954 eingerichteten **Parque Nacional de Timanfaya** TOPZIEL (tgl. 9.00 bis 18.00 Uhr) ist der Großparkplatz am Islote de Hilario. Von dort wird eine Busfahrt (Ruta de los Volcanes) zu den Höhepunkten der ausgebrannten Vulkanlandschaft angeboten. Bei Jung und Alt sind Dromedarausritte sehr populär, der Startplatz befindet sich an der LZ 67 nordwestlich von Yaiza.

RESTAURANT
Im € € **Restaurante del Diablo** werden Steaks und Hähnchen auf einem durch Erdhitze gespeisten Vulkangrill zubereitet (Islote del Hilario, Tel. 928 17 37 89).

Vom Castillo de las Colorados, einem alten Piratenausguck, bietet sich eine tolle Sicht auf die Nordküste Fuerteventuras und die Insel Lobos.

Genießen   Erleben   Erfahren

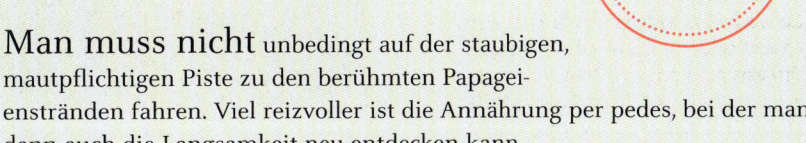

DuMont
Aktiv

Vamos a la playa!

Man muss nicht unbedingt auf der staubigen, mautpflichtigen Piste zu den berühmten Papageienstränden fahren. Viel reizvoller ist die Annährung per pedes, bei der man dann auch die Langsamkeit neu entdecken kann.

Los geht es östlich vom Fährhafen in der Old Town von Playa Blanca. Eine Uferpromenade läuft oberhalb der künstlich angelegten Playa Dorada zur Marina Rubicón. Über dem neuen touristischen Vorzeigeviertel bietet sich vom Castillo de las Colorados, einem alten Piratenausguck, eine tolle Sicht auf die Nordküste Fuerteventuras und die Insel Lobos. Nach einer guten Stunde endet unterhalb des Hotels Papagayo Arena die Promenade. Von dort wird auf einem Pfad zum Küstenplateau aufgestiegen. Wem dies zu steil ist, der kann das Hotel landeinwärts bequem umlaufen.

Vom Küstenplateau ist es nicht mehr weit zur Playa Mujeres, dem ersten und längsten Papagayo-Strand. Die Ruine eines Kalkofens erinnert an das Handwerk der Kalkbrenner, ein Bunker mit zugemauerten Schießscharten an den Spanischen Bürgerkrieg. Nach einer weiteren Bucht kommt dann die von Kaps eingefasste Playa de Papagayo, die der Region den Namen gab.

An der Punta de Papagayo steht man an der südlichsten Spitze Lanzarotes, von dort ist in wenigen Minuten die Playa del Congrio erreicht. Diese oft windige Bucht wird vornehmlich von FKK-Anhängern besucht. Das ursprüngliche Strandrevier steht unter strengem Naturschutz.

Weitere Informationen

Ausgangspunkt: Uferpromenade in Playa Blanca
Ausrüstung: Bequeme Halbschuhe reichen aus; Badesachen, Sonnenschutz und genügend Trinkwasser nicht vergessen

Wanderzeit: Hin und zurück gut 4 Std. (ohne Pausen)
Einkehrtipps: Etliche Lokale in Marina Rubicón; oberhalb von der Playa de Papagayo gibt es eine einfache Beachbar

Nicht leicht zu erreichen: Die Papageienstrände sind für ihren hellen Sand, die geschützten Buchten und das klare Wasser berühmt.

Segway-Tour

Tipp

In 🄯 **Playa Blanca** werden Segway-Touren zu den Papagayo-Stränden und zum Leuchtturm an der Punta Pechiguera angeboten. Der elektrisch angetriebene Roller ist leicht zu bedienen, nach einer zweiminütigen Anweisung kann es losgehen. Buchbar in großen Hotels in Playa Blanca oder bei Moving Segway, Shopping Centre Las Coloradas.

INFORMATION
Tel. 657 55 71 90, 1 Std. ca. 30 €/Pers.

UMGEBUNG
Am Südrand des Parks wartet **Yaiza** mit einem hübschen Ortsbild auf. Westlich davon liegt der Halbkrater **El Golfo**, an der zum Meer hin offenen Seite bildete sich eine grüne Lagune.

BESUCHERZENTRUM
Centro de Visitantes Mancha Blanca, an der LZ 67 südwestlich von Mancha Blanca, Tel. 928 84 08 39

🄯 Playa Blanca

Architektonisch besonders gelungen in diesem Ferienort an der Südküste präsentiert sich das neue Viertel Marina Rubicón.

STRÄNDE
Im Ort selbst bieten die **Playa Flamingo** und **Playa Dorada** gute Bademöglichkeiten, beide sind künstlich angelegt und durch Molen geschützt. Die Attraktion sind allerdings die **Papagayo-Strände** im Osten der Ferienstadt.

HOTEL
Nummer eins im Süden ist das € € € € **Hotel Volcán Lanzarote** über dem Jachthafen mit Aussicht und tollem Pool (Calle El Castillo 1, Tel. 928 51 91 85, www.hotelvolcanlanzarote.com).

INFORMATION
Oficina de Turismo, Calle Limones 1, Tel. 928 51 81 50

Las Palmas lockt mit Cafés (oben), Platz für eine Pause ist aber überall (rechts oben). Leckeren Käse gibt es in Guía (rechts unten).

Service

Keine Reise ohne Planung. Auf den folgenden Seiten haben wir für Sie Wissenswertes und wichtige Informationen für Ihren Kanaren-Urlaub zusammengestellt.

Anreise

Mit dem Flugzeug: Die internationalen Flughäfen von Gran Canaria, Lanzarote und Fuerteventura werden von allen größeren deutschen, österreichischen und schweizerischen Flughäfen ganzjährig bedient. Die meisten Feriengäste kommen per Charterflug (Air Berlin, Condor, Ryan Air u. a.). Der Direktflug ab Frankfurt a. M. nach Gran Canaria dauert knapp vier Stunden. Die spanische Fluggesellschaft Iberia bietet via Madrid und Barcelona auch Linienflüge an.

Reisedaten

....

Kanarische Inseln

Flug von Deutschland: Frankfurt/M. – Kanarische Inseln ab 250 € (in der Hochsaison 500 – 600 €)
Inlandsverkehr: 10 Taxikilometer kosten 13 €
Reisepapiere: Personalausweis
Währung: Euro
Mietwagen: ab 20 € pro Tag (unbegrenzte Kilometer)
Benzin: 1 Liter Super ca. 0,85 €
Ferienhaus: Ab 300 € pro Woche
Menü à la carte: 3 Gänge mit Wein pro Person ab 25 €
Einfaches Essen: Hauptgerichte ab 8 €
Ortszeit: MEZ / MSZ –1 Std.

Mit dem Schiff: Vom südspanischen Cadiz aus setzt ein Mal in der Woche eine Autofähre nach Gran Canaria über. Die Überfahrt ist allerdings teurer als ein Flug und dauert ungefähr 40 Stunden.

Auskunft

Spanisches Fremdenverkehrsamt:
Kurfürstendamm 63, D-10707 Berlin,
Tel. 030 882 65 43, E-Mail berlin@tourspain.es
Walfischgasse 8, A-1010 Wien,
Tel. 01 512 95 80, E-Mail viena@tourspain.es
Seefeldstr. 19, CH-8008 Zürich,
Tel. 044 253 60 50, E-Mail zurich@tourspain.es
Internet: Das Portal des Spanischen Fremdenverkehrsamts www.spain.info hält Basisinformationen zu Gran Canaria und den anderen Inseln bereit. Die offiziellen Websites der jeweiligen Inseln informieren mehrsprachig u. a. über Natur, Kultur und Veranstaltungen:
Gran Canaria: www.grancanaria.com
Fuerteventura: www.visitfuerteventura.es
Lanzarote: www.turismolanzarote.com

Autofahren

Das Straßennetz auf den Inseln ist gut ausgebaut. Auf Gran Canaria verbindet eine viel befahrene Autobahn Las Palmas mit den Ferienorten an der Südküste, für Fahrten auf den kurvigen und teilweise ziemlich engen Bergstraßen sollte man ausreichend Zeit einplanen. Das Preisniveau für einen Mietwagen ist ausgesprochen günstig, auch Benzin ist auf den Kanaren erheblich billiger als in Mitteleuropa. Auf Autobahnen gilt ein Tempolimit von

100 km/h, auf Landstraßen darf maximal 90 km/h, in geschlossenen Ortschaften 50 km/h gefahren werden. Die Promillegrenze liegt bei 0,5. Achtung: Verkehrsverstöße werden mit empfindlich hohen Bußgeldern belegt. Eventuelle Strafzettel bekommt man später per Einschreiben an die Heimatadresse zugestellt.

Essen und Trinken

Die kanarische Küche gibt sich betont bodenständig und lebt von dem, was die Inseln und der Atlantik hergeben. An **traditionellen Fleischgerichten** stehen Lamm, gebeiztes Kaninchen und Zicklein im Vordergrund. Zur bäuerlich geprägten Landküche gehören auch kräftige **Suppen und Eintöpfe**, bestehend aus Kürbis, Süßkartoffeln und Hülsenfrüchten wie Kichererbsen, Bohnen und Linsen, alles in allem also eine mitunter recht deftige Angelegenheit. **Fisch**, sofern er nicht gebraten oder gekocht wird, findet sich beispielsweise in der Zarzuela, einem mit Kartoffeln und Zwiebeln verlängerten gehaltvollen Fischeintopf. Die Internationalisierung des Essens hat aber auch vor den Kanaren nicht haltgemacht. In den Ferienzentren muss man nach inseltypischen Lokalen mit kanarischer Kost suchen. Anstelle der inseltypisch zubereiteten „Runzelkartoffeln" mit Schale werden wie selbstverständlich Pommes Frites angeboten, statt loka-

Osterprozession vor der Kirche Santo Domingo in der Altstadt von Las Palmas

ler Mandeldesserts wie Bien me sabe und Principe alberto gibt es Zitronensorbet und Mousse au Chocolat.

Dass die Kanaren ein Stück Spanien sind, zeigt sich in der verbreitet übernommenen spanischen Festlandsküche. Zuwanderer aus Galicien, Katalonien und dem Baskenland brachten ihre eigenen Essgewohnheiten und Regionalküchen mit auf die Inseln. Überall gibt es Tapas-Bars, die Appetithäppchen für den kleinen Hunger anbieten. Das kann beispielsweise ein kleiner Salat aus Meeresfrüchten, ein Stück Tortilla oder eine Portion Ziegenkäse sein. Typisch spanisch ist auch die Paella: Das mit verschiedenen Fleischsorten, Muscheln und Erbsen verfeinerte safrangelbe Reisgericht darf auch auf Gran Canaria auf keiner Dorffiesta fehlen.

Zum Essen wird bevorzugt **Wein** getrunken. Neben Importen vom spanischen Festland stehen in vielen Lokalen auch Inselweine auf der Karte. Ihre ganz große Zeit hatten kanarische Weine im 16. Jh., als der „Canary Sack" vor allem nach England verschifft wurde und unter anderem in Shakespeare einen glühenden Verehrer fand.

Die besten kanarischen Tropfen kommen übrigens heute aus Teneriffa, doch auch die trockenen Vulkanweine aus Lanzarote haben einen guten Namen. In Gran Canaria werden lediglich kleine Mengen eher durchschnittlicher Qualität gekeltert.

Feiertage und Feste

Der Feiertagskalender wird wesentlich vom spanischen Kirchenjahr bestimmt, zusätzlich gibt es noch einige staatliche Feiertage. Nationale Feiertage, an denen beispielsweise Behörden, Bank, Post geschlossen sind (Supermärkte in den Ferienzentren haben aber vielfach geöffnet):

1. Januar: Año Nuevo (Neujahr)
6. Januar: Los Reyes (Dreikönigstag)
19. März: San José (Josefstag)
März/April: Viernes Santo (Karfreitag)
Mai/Juni: Corpus Cristi (Fronleichnam)
1. Mai: Día del Trabajo (Tag der Arbeit)
30. Mai: Día de las Islas Canarias (Tag der Kanaren)
25. Juli: Santiago Apóstol (Jakobustag)

15. August: Asunción Mariä (Himmelfahrt)
12. Oktober: Día de la Hispanidad (Entdeckung Amerikas)
1. November: Todos los Santos (Allerheiligen)
6. Dezember: Día de la Constitución (Tag der Verfassung)
8. Dezember: Immaculada Concepción (Mariä Empfängnis)
25. Dezember: Navidad (Weihnachten)
Die wichtigsten Inselfeste sind im Infoteil der jeweiligen Ortschaften aufgeführt.

Fincaferien

Im Rahmen des ländlichen Tourismus (Turismo rural) wurden etliche Landhäuser für den Tourismus erschlossen. Das Preisniveau der Häuser variiert dabei abhängig von der Größe und dem Komfort, vermietet wird in der Regel nur wochenweise. Einen Überblick für Objekte auf

Gran Canaria, Lanzarote und Fuerteventura bietet die Website von **Acantur**, abrufbar unter www.ecoturismocanarias.com. Nicht dem Turismo rural angeschlossene private Ferienhäuser vermittelt beispielsweise die deutsche Agentur **Finca Ferien** (Tel. 05067 65 26, www.fincaferien.de).

Geld

Bargeld kann auf den Flughäfen und in allen größeren Ortschaften problemlos am Automaten gezogen werden. Kreditkarten (Visa, Mastercard) werden in der Regel in allen größeren Hotels und in den gehobenen Restaurants akzeptiert.

Gesundheit

Die medizinische Versorgung auf Gran Canaria, Lanzarote und Fuerteventura ist gut ausgebaut. In staatlichen Gesundheitszentren (Centros de Salud) ist nach Vorlage der Europäischen Krankenversicherungskarte die ärztliche Behandlung kostenlos. Sofern über den staatlichen Gesundheitsdienst hinaus eine freie Arztwahl gewünscht wird, empfiehlt sich der Abschluss einer privaten Auslandskrankenversicherung. Deutschsprachige Ärzte verschiedener Fachrichtungen haben in allen großen Ferienzentren Praxen; ihre Adressen sind im Bedarfsfall über die Touristeninformation erhältlich. Die Apotheken haben ein ähnlich umfangreiches Angebot an Medikamenten, wie man es von zu Hause gewohnt ist; meist sind sie billiger.

Info

Daten & Fakten

Lage: Gran Canaria bildet das geografische Zentrum der Kanarischen Inseln. Die aus sieben Hauptinseln bestehende Inselgruppe ist der Nordwestküste Afrikas vorgelagert, die Entfernung zum spanischen Festland beträgt 1200 km.

Fläche und Naturraum: Mit 1560 km² ist Gran Canaria nach Teneriffa (2034 km²) und Fuerteventura (1660 km²) die drittgrößte Kanareninsel. Lanzarote umfasst zusammen mit La Graciosa und vorgelagerten Felseninseln 846 km². Die Inseln sind vulkanischen Ursprungs. Das Landschaftsbild Gran Canarias wird von einem von zahlreichen Schluchten (Barrancos) durchzogenen Zentralgebirge geprägt, der höchste Inselgipfel ist der Pico de las Nieves (1949 m). Die Südspitze Gran Canarias wird von einem kleinen Dünengebiet mit bis zu 30 m hohen Sandkämmen eingenommen.

Bevölkerung: Gran Canaria hat 847 000 Einwohner, auf Lanzarote leben 143 000, auf Fuerteventura 107 000 Menschen. Die Bevölke-

rungsdichte auf Gran Canaria beträgt 542 Einw./km² (in Deutschland sind es 229 Einw./km²).

Wirtschaft: Die wichtigste Exportfrucht ist die Banane, sie wird an der Nordküste in großen Plantagen kultiviert. In geringem Umfang werden daneben exotische Früchte und Schnittblumen angebaut. Der früher verbreitete Tomatenanbau ist rückläufig. In jüngster Zeit gewinnt die Fischzucht an Bedeutung.

Tourismus: Der Fremdenverkehr ist der Hauptwirtschaftszweig Gran Canarias, die Ostinseln Fuerteventura und Lanzarote sind nahezu zu 100 % von ihm abhängig. Gran Canaria wird jedes Jahr von knapp 3 Mio. ausländischen Gästen besucht, das größte Kontingent stellen die Deutschen. Die Ferienorte konzentrieren sich entlang der Südküste. Im Bergland und an der Nordküste wurden im Rahmen des ländlichen Tourismus (Turismo rural) etliche restaurierte Landhäuser und Fincas zu Ferienquartieren ausgebaut.

Ob Windsurfen oder Golf – die Kanaren bieten Sportoptionen en masse.

Spaß in der Sonne an der Playa de Corralejo (Fuerteventura): Früh übt sich, wer später mal ein Pyramidenbauer werden will.

Hotels und Apartments

Das Angebot an Unterkünften ist riesig. Neben Hotelzimmern sind Apartmentanlagen weit verbreitet. Eine Wohneinheit besteht je nach Größe aus ein oder zwei Schlafzimmern plus Wohnbereich mit Küchenzeile und Bad; etwas kleinere Studios haben lediglich einen kombinierten Wohn- und Schlafbereich mit integrierter Kochmöglichkeit. Adressen sind jeweils auf den Infoseiten der Städte und Inseln verzeichnet. Die Preise unterscheiden sich je nach Saison. Am teuersten sind Unterkünfte in den Weihnachts-, Oster- und Sommerferien. Es gelten folgende Preiskategorien:

Preiskategorien

€ € € €	Doppelzimmer	über 200 €
€ € €	Doppelzimmer	150 – 200 €
€ €	Doppelzimmer	100 – 150 €
€	Doppelzimmer	50 – 100 €

Literaturempfehlungen

Literarisches: Als Einstimmung empfiehlt sich der im Wagenbach-Verlag erschienene Sammelband „Kanarische Inseln – Eine literarische Einladung" mit Texten u. a. von José Saramago und Miguel de Unamuno. Mit seinem jüngst auch auf Deutsch erschienenen Roman „Nacaria" verhalf der kanarische Autor Sabas Martín der Schildlaus zu einem Platz in der Schönen Literatur (Konkursbuch Verlag Claudia Gehrke).
Reiseführer: Bewährt und gut sind die in aktuellen Neuausgaben vorliegenden Baedeker Allianz Reiseführer zu Teneriffa, La Palma, Gomera, Gran Canaria, Fuerteventura und Lanzarote. Sie berichten detailliert über Land und Leute, jeweils ergänzt durch eine große herausnehmbare Inselkarte.
Wanderführer: Empfehlenswert ist der Band „Gran Canaria" von Peter Mertz (Kompass Verlag). Rolf Goetz, der Autor dieses DuMont-Bildatlas, stellt in den Wanderführern „Lanzarote" und „Fuerteventura" die schönsten Küsten- und Vulkanwanderungen vor (beide sind im Bergverlag Rother erschienen).

Reisezeit

Die Kanarischen Inseln sind ein ganzjähriges Reiseziel. Das Klima ist sehr ausgeglichen und weist übers Jahr gesehen nur geringe Tempe-

Info

Geschichte

um 60 n. Chr.: Der römische Historiker Plinius d. Ä. beschreibt zum ersten Mal die „Glückseligen Inseln". Die Hauptinsel des Archipels, das heutige Gran Canaria, wird nach angeblich dort verbreiteten großen Hunden (lat. Canis) benannt.
1312: Nach mehr als 1000-jähriger Isolation des Archipels erreicht der italienische Kaufmann Lancelotto Malocello als erster Europäer die nach ihm benannte Insel Lanzarote.
1402: Der in Diensten der spanischen Krone stehende Normanne Jean de Béthencourt erobert Lanzarote. Drei Jahre später wird Fuerteventura unterworfen.
1478: Der spanische Eroberer Juan Rejón gründet auf einer von Palmen bestandenen Wiese Las Palmas. Fünf Jahre darauf wird der letzte Widerstand der Ureinwohner Gran Canarias gebrochen.
1492: Christoph Kolumbus bricht in die Neue Welt auf und legt auf Gran Canaria einen Zwischenstopp ein.
1730–1736: Lanzarote wird von einer Serie gewaltiger Vulkanausbrüche heimgesucht.
1852: Die Kanarischen Inseln werden zur Freihandelszone.
1883: Der Hafenausbau macht Las Palmas zu einem wichtigen Drehkreuz des internationalen Seehandels.
1891: In Las Palmas wird der erste Golfclub Spaniens gegründet.
1927: Der kanarische Archipel wird verwaltungstechnisch in zwei Provinzen aufgeteilt. Die Westkanaren werden Santa

Cruz de Tenerife unterstellt, während die Ostinseln von Las Palmas de Gran Canaria verwaltet werden.
1936: General Franco putscht gegen die republikanische Madrider Regierung und errichtet nach dreijährigem Bürgerkrieg eine faschistische Diktatur in Spanien.
1965: In San Agustín öffnet das erste Ferienhotel seine Pforten, die touristische Erschließung der Costa Canaria beginnt.
1975: Der Tod Francos macht den Weg für ein demokratisches Spanien frei.
1989: In Las Palmas wird die zweite Universität der Kanarischen Inseln gegründet.
1997: Erstmals kommen mehr als 10 Mio. Feriengäste auf die Kanaren.
2005: Etwa 40 % der Inselfläche Gran Canarias werden von der UNESCO zum Biosphärenreservat erklärt.
2007: Der Südwesten Gran Canarias wird von einem schweren Waldbrand heimgesucht.
2009: Fuerteventura wird Biosphärenreservat der UNESCO.
2011: Der wirtschaftliche Aufschwung in Mitteleuropa sorgt auf den Kanaren für das beste Tourismusjahr seit Langem.
2015: Die deutsche Unternehmerfamilie Kiessling beginnt im Hafen von Las Palmas mit dem Bau eines der größten und modernsten Aquarien Europas.
2016: Zur Eröffnung des 32. Festival de Música de Canarias gastiert in Las Palmas im ausverkauften Auditorio Alfredo Kraus das London Philharmonic Orchestra.

raturschwankungen auf. Verglichen mit dem spanischen Festland oder dem Mittelmeerraum sind die Sommer auf den Kanaren nicht allzu heiß und die Winter ausgesprochen mild. Gebadet werden kann das ganze Jahr über, selbst im Februar, dem kühlsten Monat, fällt die Wassertemperatur nicht unter 18 °C. Absolute Hochsaison sind Weihnachten und Ostern. Während mitteleuropäische Gäste die Wintermonate vorziehen, besuchen spanische Urlauber vom Festland die Kanaren bevorzugt in den Sommerferien.

Restaurants

Öffnungszeiten: Die meisten Lokale haben über Mittag von 11.00–15.00 sowie ab 19.00 Uhr geöffnet. Viele der gehobenen Lokale machen nur abends auf.
Ausgewählte Restauranttipps werden auf den Infoseiten der jeweiligen Insel vorgestellt. Dabei gelten folgende Preiskategorien:

Preiskategorien

€ € € €	Hauptspeisen	über 20	€
€ € €	Hauptspeisen	15 – 20	€
€ €	Hauptspeisen	10 – 15	€
€	Hauptspeisen	unter 10	€

Sicherheit

Die Kanarischen Inseln sind ein recht sicheres Reiseziel. Die Kriminalitätsrate ist relativ niedrig. In den großen Ferienzentren ist dennoch Vorsicht angezeigt. Wertsachen gehören auf jeden Fall in den Hotelsafe, fast alle Zimmer sind damit ausgestattet.

Souvenirs

Auf Gran Canaria werden teilweise sehr schöne Hohlsaumstickereien hergestellt, man kauft sie am besten in einem der staatlichen Fedac-Geschäfte (www.fedac.org) in Las Palmas und Playa del Inglés. Ein originelles Mitbringsel sind Messer, wie sie früher von den Landarbeitern benutzt wurden, sie haben im Griff kunstvoll eingearbeitete Intarsien. Im Shop des Museo Canario in Las Palmas können etliche Repliken altkanarischer Keramik erworben werden; Verkaufshit ist das Idol der Tara. An kulinarischen Spezialitäten bieten sich pikante Mojosauce und Mandelcreme aus Tejeda an.

Sport

Golf: Acht Parcours machen Gran Canaria zur ganzjährigen Golfdestination. Fuerteventura hat drei 18-Loch-Golfplätze, auf Lanzarote gibt es neben dem bereits 1980 gegründeten Costa

Teguise Golf Club seit 2008 einen zweiten Platz ganz in der Nähe der Ferienstadt Puerto del Carmen.
Mountainbiking: Die zerfurchte Gebirgslandschaft macht Gran Canaria zu einem anspruchsvollen Revier für Biker. Etliche Veranstalter vor Ort bieten geführte Touren an, so kommt man im Shuttle-Bus bequem zu den Ausgangspunkten und erspart sich anstrengende lange Anstiege. Lanzarote hat sich als Rennradrevier einen Namen gemacht, die Insel wird auch von Top-Profis als Trainingslager genutzt. Eine passende Unterkunft dort ist das Sporthotel La Santa (Informationen für den deutschsprachigen Raum Tel. 040 551 00 34, www.clublasanta.de).
Segeln: Bekannte Segelzentren auf Gran Canaria sind Puerto Rico und Puerto de Mogán. Dort kann man Segeln lernen, Boote chartern oder an einem mehrtägigen Törn durch den Archipel teilnehmen (www.segelreisen -hering.org). In Las Palmas sind Vela-Latina-Regatten sehr populär.
Tauchen: In den atlantischen Gewässern ist Tauchen das ganze Jahr über möglich. Auf allen Inseln gibt es Tauchschulen, die Kurse für Anfänger und Fortgeschrittene anbieten. Gute Tauchspots in Gran Canaria sind die Riffs vor Arguineguín und Pasito Blanco; zu sehen gibt es dort beispielsweise Barracudas, Stachelro-

chen, Muränen und Trompetenfische. Vom Standort Corralejo wird die Meerenge zwischen Fuerteventura und Lanzarote betaucht, auch auf der Halbinsel Jandía in Fuerteventuras Süden haben sich etliche Tauchbasen etabliert.
Wandern: Gran Canaria ist ein vielseitiges Revier für Bergwanderer mit Gipfelhöhen von fast 2000 m. Auf einem gut ausgebauten Wegenetz können bizarre Felslandschaften und Höhlendörfer entdeckt werden. Auch Lanzarote hat für Wanderer außergewöhnliche Landschaftserlebnisse zu bieten. Sehr populär ist Vulkantrekking mit Besteigungen und Umrundungen von ausgebrannten Kratern. Fuerteventura empfiehlt sich für ausgedehnte Küstentouren, doch auch im Inselinneren gibt es lohnende Ziele.
Wind- und Kitesurfen: Die kanarische Surferinsel Nummer eins ist Fuerteventura. Die Playa Sotavento auf der Halbinsel Jandía und Flag Beach bei Corralejo gehören zu den besten Surfrevieren Europas. Auch auf Gran Canaria gibt es einige außergewöhnlich gute Spots. Der beste davon ist Pozo Izquierdo an der Südostküste, an dem sich die Weltelite regelmäßig zu Weltcuprennen trifft. Mit guten Windverhältnissen für den Wassersport kann auch die Playa de las Cucharas auf der Insel Lanzarote aufwarten.

Ob zu Wasser oder auf dem Lande – Sport ist angesagt auf Gran Canaria und jederzeit möglich.

Sprache

Amtssprache auf den Kanarischen Inseln ist Spanisch. In bevorzugt von deutschsprachigen Gästen besuchten Ferienregionen kann man sich problemlos auf Deutsch verständlich machen, vor allem an der Südküste von Gran Canaria und auf der Halbinsel Jandía in Fuerteventura.

Telefon

Ländervorwahlen: Deutschland 0049, Österreich 0043, Schweiz 0041
Notruf: 112 (Polizei, Feuerwehr, Krankenwagen)
Mobiltelefone der gängigen Netze funktionieren in den Ferienorten problemlos, mit Funklöchern ist lediglich im Bergland zu rechnen.

Verkehrsmittel

Bus: Das dünn besiedelte Bergland ausgenommen, ist das öffentliche Busnetz auf Gran Canaria gut ausgebaut. Fahrplanauskünfte erteilen die Touristeninformationen und die Busgesellschaft Global (Tel. 928 25 26 30, www.globalsu.net). Sehr preiswert fährt es sich mit einer Magnetkarte *(tarjeta)*, mit der man auf den normalen Fahrpreis etwa 20 % Rabatt erhält, man bekommt sie jeweils an den Busbahnhöfen.
Fähren: Von Las Palmas aus verbindet ein Schnellboot mit Morro de Jable in Fuerteventura, von Puerto de las Nieves an der Nordwestküste setzen mehrmals täglich Autofähren nach Santa Cruz de Tenerife über. Von Lanzarote und Fuerteventura pendeln Fähren zwischen Playa Blanca und Corralejo.
Flugverbindungen: Der Airport in Las Palmas ist auch die Drehscheibe für den interinsularen Flugverkehr. Mehrmals täglich verbinden Maschinen von Binter (www.bintercanarias.com) mit Fuerteventura, Lanzarote und den Westkanaren.

Wellness

Alle Wohlfühloasen im Überblick gibt es unter www.grancanariawellness.com.

Zoll

Die Kanarischen Inseln haben innerhalb der Europäischen Union einen Sonderstatus. Sie gehören zwar zum Zollgebiet der EU, nicht jedoch zum Steuergebiet für Verbrauchs- und Mehrwertsteuern.

Wetterdaten

	TAGES-TEMP. MAX.	NACHT-TEMP. MIN.	WASSER-TEMP.	TAGE MIT NIEDER-SCHLAG	SONNEN-STUNDEN PRO TAG
Januar	20 °	14 °	19 °	7	6
Februar	21 °	14 °	18 °	5	7
März	22 °	15 °	18 °	4	7
April	23 °	16 °	18 °	2	8
Mai	24 °	17 °	19 °	1	9
Juni	26 °	19 °	20 °	0	10
Juli	28 °	20 °	21 °	0	11
August	29 °	21 °	22 °	0	11
September	28 °	21 °	23 °	0	8
Oktober	26 °	19 °	23 °	4	7
November	24 °	17 °	21 °	5	6
Dezember	21 °	16 °	20 °	7	5

Nein, dieses Bild wurde nicht in Namibia aufgenommen, sondern in den Dünen von Maspalomas.

Register

Impressum

2. Auflage 2017
© DuMont Reiseverlag, Ostfildern

Verlag: DuMont Reiseverlag, Postfach 3151, 73751 Ostfildern, Tel. 0711/4502-0,
Fax 0711/4502-135, www.dumontreise.de
Geschäftsführer: Dr. Thomas Brinkmann, Dr. Stephanie Mair-Huydts
Programmleitung: Birgit Borowski
Redaktion: Julia Wilhelm (red.sign, Stuttgart)
Text: Rolf Goetz
Exklusiv-Fotografie: Sabine Lubenow
Titelbild: Sabine Lubenow/LOOK-foto
Zusätzliches Bildmaterial: S. 12/13 DuMont Bildarchiv/Gerald Haenel, S. 16/17
Bildagentur Huber/Olimpio Fantuz, S. 20 o. Shutterstock/balabolka, S. 20 l. Rolf
Goetz, S. 20 r. DuMont Bildarchiv/Gerald Haenel, S. 21 l. mauritius images/Alamy/
Peter Forsberg, S. 21 r. DuMont Bildarchiv/Olaf Lumma, S. 21 u. DuMont Bildarchiv/
Gerald Haenel, S. 46 o. Shutterstock/balabolka, S. 46 M. mauritius images/Alamy/
Carole Hewer, S. 46 r. mauritius images/Alamy/Alberto Paredes, S. 47 o. Rolf
Goetz, S. 47 l. mauritius images/Alamy/Shawn Hempel, S. 47 M. o. Rolf Goetz,
S. 47 M. u. DuMont Bildarchiv/Gerald Haenel, S. 62 l. DuMont Bildarchiv/Gerald
Haenel, S. 62 M. mauritius images/Alamy/Greg Balfour Evans, S. 62 u. Shutterstock/
balabolka, S. 62 r. LOOK-foto/Sabine Lubenow, S. 63 l.o. DuMont Bildarchiv/Gerald
Haenel, S. 63 l. u. DuMont Bildarchiv/Gerald Hänel, S. 63 r. u. mauritius images/
Alamy/Prisma Bildagentur, S. 67 o. Getty images/mladn61, S. 85 u. laif/hemis.fr/
Jean-Daniel Sudres, S. 91. o. mauritius images/Thomas Schultze, S. 113 u. DuMont
Bildarchiv/Gerald Haenel
© VG Bild-Kunst, Bonn 2016: S. 4 r. u., 46 M., 96, 97, 100–101, 103
Grafische Konzeption, Art Direktion, Layout: fpm factor product münchen
Cover Gestaltung: Neue Gestaltung, Berlin
Kartografie: © MAIRDUMONT GmbH & Co. KG, Ostfildern
Kartografie Lawall (Karten für „Unsere Favoriten")
DuMont Bildarchiv: Marco-Polo-Straße 1, 73760 Ostfildern,
T: 0711/4502-266, F: 0711/4502-1006, bildarchiv@mairdumont.com

Für die Richtigkeit der in diesem DuMont Bildatlas angegebenen Daten –
Adressen, Öffnungszeiten, Telefonnummern usw. – kann der Verlag keine
Garantie übernehmen. Nachdruck, auch auszugsweise, nur mit vorheriger
Genehmigung des Verlages. Erscheinungsweise: monatlich.

Anzeigenvermarktung: MAIRDUMONT MEDIA, Tel. 0711/45020, Fax
0711/45021012, media@mairdumont.com, http://media.mairdumont.com
Vertrieb Zeitschriftenhandel: PARTNER Medienservices GmbH, Postfach
810420, 70521 Stuttgart, Tel. 0711/7252-212, Fax 0711/7252-320
Vertrieb Abonnement: Leserservice DuMont Bildatlas,
Zenit Pressevertrieb GmbH, Postfach 810640, 70523 Stuttgart,
Tel. 0711/7252-265, Fax 0711/7252-333,
dumontreise@zenit-presse.de
Vertrieb Buchhandel und Einzelhefte: MAIRDUMONT
GmbH & Co KG, Marco-Polo-Straße 1, 73760 Ostfildern, Tel.
0711/4502-0, Fax 0711/4502-340
Reproduktionen: PPP Pre Print Partner GmbH & Co. KG, Köln
Druck und buchbinderische Verarbeitung: NEEF +
STUMME premium printing GmbH & Co. KG, Wittingen, Printed
in Germany

Lieferbare Ausgaben

Eine der spektakulären Landschaften Südafrikas – der Blyde River Canyon.

Die Kanaren sind vom Klima begünstigt – beste Voraussetzung für herrliche Strandtage.

Teneriffa
La Palma · La Gomera · El Hierro

Paradiesische Inseln
Sie wissen noch nicht wohin? Wir stellen Ihnen die Westkanaren ausführlich in Bild und Wort vor.

Exklusiv wohnen
Warum sich nicht mal etwas Besonderes gönnen, die besten Adressen auf Teneriffa und den kleinen Kanareninseln.

Wandern mit Aussicht
Unsere Favoriten – die neun erlebnisreichsten Wanderungen auf den Kanaren.

Südafrika

Vielfalt ist garantiert
Südafrika hat alles, traumhaft schöne Landschaften, herrliche Strände, interessante Städte, tolle Lodges. Alle lohnenden Ziele finden Sie im DuMont Bildatlas.

Safaris zu den Big Five
Hat man einen Nationalpark gesehen, kennt man alle? Weit gefehlt! Jedes Schutzgebiet hat seine Besonderheiten, wir stellen Ihnen die Besuchenswertesten vor.

Die besten Tropfen vom Kap
Südafrikas Winzer sind im Aufbruch. Immer mehr Individualisten machen sich neben Großkellereien einen Namen.

www.dumontreise.de

Man sieht nur, was man weiß.

Lassen Sie sich von der Vielfalt der DuMont Reiseführer verzaubern. Jetzt überall im Buchhandel oder auf
www.dumontreise.de